Wolfgang Wippermann

Dämonisierung durch Vergleich

Zu diesem Buch

Wolfgang Wippermann zeigt in seiner Streitschrift, wie Konstruktion und Erfindung von Totalitarismusdoktrin und Extremismuslegende ihre Anwendung auf die DDR finden. Danach sollen Faschismus und Kommunismus grundsätzlich miteinander vergleichbar, ja weitgehend identisch sein. Letzteres führt zur Verharmlosung des Dritten Reiches und zu einer Dämonisierung der DDR. Beides geschieht aus vergangenheits- und gegenwartspolitischen Motiven. Die beschönigende Relativierung des Dritten Reiches dient der endgültigen Bewältigung der nationalsozialistischen Vergangenheit, und mit der Dämonisierung der DDR will man die Gegenwart überwältigen, die politikwissenschaftlichen Diskurse bestimmen und den politischen Gegner treffen.

Fest steht: Wie auch immer man die Verbrechen der DDR be- und verurteilen mag – ein Auschwitz hat es in ihr nicht gegeben.

Zum Autor

Wolfgang Wippermann, geboren 1945 in Bremerhaven, Professor für Neuere Geschichte an der Freien Universität Berlin. Zahlreiche Gastprofessuren und Veröffentlichungen. Der ebenso streitbare wie gefragte Historiker schreibt nicht nur über Geschichte, er beteiligt sich auch an ihrer kontroversen Darstellung und Bewertung. Einem breiten Publikum bekannt ist der Historiker durch Wortmeldungen in populären Zeitungen und Fernsehsendungen. Zuletzt erschien von ihm bei Rotbuch der Debattenband *Autobahn zum Mutterkreuz* (2008) über den »Historikerstreit der schweigenden Mehrheit«, der sich an die Kontroverse um Eva Herman anschloss.

Wolfgang Wippermann

Dämonisierung durch Vergleich:

DDR und Drittes Reich

Rotbuch Verlag

Dieses Werk wurde vermittelt durch
Aenne Glienke | Agentur für Autoren und Verlage
www.AenneGlienkeAgentur.de

ISBN 978-3-86789-060-1

Originalausgabe, 2. Auflage
© 2009 by Rotbuch Verlag, Berlin
Umschlaggestaltung: Buchgut, Berlin
Umschlagabbildung: ullstein bild – Granger Collection
Druck und Bindung: CPI Moravia Books GmbH

Ein Verlagsverzeichnis schicken wir Ihnen gern:
Rotbuch Verlag GmbH
Neue Grünstraße 18
10179 Berlin
Tel. 01805/30 99 99
(0,14 Euro/Min. aus dem deutschen Festnetz,
abweichende Preise für Mobilfunkteilnehmer)

www.rotbuch.de

Inhalt

»Meilenstein für die Erinnerungskultur«

Einleitung

Von der jetzigen Regierung der Großen Koalition hört man nicht viel – und wenn, dann nichts Gutes. Doch am 18. Juni letzten Jahres (2008) soll das Kabinett einen Beschluss gefasst haben, der in einer Pressemitteilung des Kulturstaatsministeriums zu einem »Meilenstein für die Erinnerungskultur« hochgejubelt wurde.[1] Wie das? Was hatte die Große Koalition denn Großartiges beschlossen? Es war dies das leicht veränderte Gedenkstättenkonzept des Kulturstaatsministers Bernd Neumann (CDU).[2] Hierin ist die finanzielle Förderung der Gedenkstätten der »beiden Diktaturen in Deutschland« durch den Bund vorgesehen, wobei jedoch die Gedenkstätten über die »NS-Schreckensherrschaft« etwa zwei Drittel der Mittel erhalten sollen. Das restliche Drittel dagegen gehe an die schon bestehenden und noch zu errichtenden Gedenkstätten zur »SED-Diktatur«.

Dass das Gedenken an die »zweite deutsche Diktatur« weniger gefördert werden soll als das an die »erste« nationalsozialistische, wurde vom zuständigen Minister Neumann mit dem Hinweis auf eine allerdings nicht spezifizierte »Unvergleichbarkeit zwischen NS-Terrorherrschaft und SED-Diktatur« sowie mit einer ebenfalls nicht genauer erklärten Bemerkung über die »unvergleichlich hohe Bedeutung« des Holocaust begründet. Doch grundsätzlich wurde an der Notwendigkeit festgehalten, »beiden Diktaturen« in möglichst gleicher Weise zu gedenken. Nur der, wenn man so will, finanzpolitische Erinnerungsschlüssel hatte sich verändert. Nach den Vorstellungen Neumanns sollte ursprünglich Parität herrschen – jetzt ist das Verhältnis wie gesagt eins zu zwei.

Diese Entscheidung ist als salomonisch empfunden worden und soll dazu geeignet sein, eine vergangenheitspolitische Debatte zu beenden, die in den letzten zwanzig Jahren mit äußerster Heftigkeit geführt wurde. Im Kern ging und geht es dabei auch heute noch um die These von der Vergleichbarkeit der »beiden Diktaturen in Deutschland« bzw. der »beiden totalitären Staaten«.

Zumindest in der Öffentlichkeit hat sich diese Nivellierung bereits weitgehend durchgesetzt. Wird doch landauf, landab ständig von der »zweiten deutschen Diktatur« gesprochen, wenn die DDR gemeint ist. Die DDR bzw. der »SED-Staat« soll genauso totalitär wie der NS-Staat, Honecker wie Hitler, die Stasi wie die Gestapo, das berüchtigte DDR-Gefängnis Bautzen wie Auschwitz gewesen sein und so weiter und so fort. Dies erinnert an die »Neusprech« genannte Sprachregelung in George Orwells utopischem Roman *1984*. Und alle – oder fast alle – plappern ihn ungeprüft nach, ohne die Stichhaltigkeit all dessen zu hinterfragen.

Das wird hier nachgeholt, und es wird untersucht, wer was mit welchen Argumenten und mit welcher gegenwarts- und vergangenheitspolitischen Zielsetzung behauptet. Dabei wird auf einen umfassenden Vergleich der DDR mit dem Dritten Reich verzichtet. Ich halte einen derartigen Vergleich, der übrigens bisher nicht vorliegt, überdies für grundsätzlich problematisch und paradox, weil er nur dann angestellt werden könnte, wenn man vom Unvergleichbaren schweigt.

Gemeint ist zum einen der völlig unterschiedliche Raum- und Zeitkontext. Das Dritte Reich reichte während des Zweiten Weltkrieges bekanntlich vom Nordkap bis Afrika und vom Atlantik bis zum Kaukasus und dauerte zwölf kurze, aber schreckliche Jahre. Die DDR dagegen lag zwischen Elbe und Oder und bestand von 1949 bis 1990. Wenn man die kleine und noch dazu weitgehend von der Sowjetunion abhängige DDR wirklich mit dem Dritten Reich vergleichen wollte, müsste zudem vom Zweiten Weltkrieg und vom Holocaust abstrahiert werden. Dies ist in meinen Augen weder möglich noch zulässig.

Eine derartige Abstrahierung vom Holocaust käme beinahe seiner Negierung gleich, was ebenso wenig geschehen darf wie die vergleichende Relativierung des Dritten Reiches insgesamt.[3] Scharf zu kritisieren ist gleichfalls die damit verbundene Dämonisierung der DDR. Diese war sicherlich schlecht und böse, aber schon deshalb längst nicht in dem Maße wie das Dritte Reich, weil sie keinen Weltkrieg begonnen und keinen Rassenmord begangen hat. Ferner war sie nicht oder zumindest bei Weitem nicht so totalitär wie das Dritte Reich, was die Hauptvertreterin der Totalitarismustheorie, Hannah Arendt, ebenso beurteilte, denn im 1966 verfassten Vorwort zur deutschen Ausgabe ihres klassischen Werkes über *Elemente und Ursprünge totaler Herrschaft* hat sie die DDR als nicht totalitär eingestuft.[4]

Aus dem hier bereits Gesagten kann nur ein Schluss gezogen werden: In der DDR-Drittes-Reich-Debatte geht es keineswegs nur, ja noch nicht einmal vornehmlich um wissenschaftlich nachweisbare empirische Tatsachen, sondern um vorgestellte und eingebildete Begriffe (gr. *idéa*) und Wörter (gr. *lógos*), kurz, um Ideologien, mittels derer etwas legitimiert, von etwas abgelenkt und generell politisch erreicht werden will. Dies macht eine ideologiekritische Vorgehensweise erforderlich.[5]

Sie erfolgt in drei Schritten und Abschnitten. Im ersten, zeitlich weit zurückgreifenden werden Herkunft, Entwicklung und Realitätsgehalt derjenigen **Theorien und Begriffe** analysiert, die dem DDR-Drittes-Reich-Vergleich zugrunde lagen und im Zuge dessen verwendet wurden. Hierbei ist vor allem die Totalitarismustheorie gemeint, die in der Zwischenkriegszeit entwickelt wurde, um nicht zufällig während des Kalten Krieges ihre Hochkonjunktur zu erreichen. Tatsächlich handelte es sich nicht um eine empirisch bewiesene und beweisbare Theorie, sondern um eine ideologische Doktrin, mit der sich der demokratische Westen vom »totalitären« Osten abgrenzte und ihn zugleich bekämpfte. Das war mit dem Abflauen des Kalten Krieges und im Fahrwasser der nachfolgenden Entspannungspolitik nicht mehr notwendig, weshalb man sich auch im Westen mehr und mehr von der Totalitarismusdoktrin distanzierte. Zu ihrer weitgehenden Überwindung hat jedoch auch die empirische Forschung beigetragen, die erkannte, dass Faschismus und Kommunismus sich eben nicht glichen, sondern unterschiedliche Strukturen und Ziele aufwiesen und verfolgten.

An die Stelle dieser Totalitarismusdoktrin trat ihr Derivat – der Extremismusbegriff. Er suggeriert eine Ähnlichkeit zwischen den auf den linken und rechten Rändern eines imaginären politischen Spektrums angesiedelten (Links- und Rechts-)Extremisten, die in der Realität nicht vorhanden ist. Tatsächlich handelt es sich beim Extremismus um ein real nicht existentes Phänomen, sondern schlichtweg um ein ideologisches Konstrukt bzw. eine Legende.

Der ideologische Charakter sowohl der Totalitarismustheorie als auch des Extremismusbegriffs ist in der (alten) Bundesrepublik jedoch lange Zeit nicht erkannt worden. Grund dafür war, dass Totalitarismus und Extremismus den Kerngehalt der bundesrepublikanischen Staatsideologie bildeten, mit der die Republik sich wenigstens formal von der faschistischen Vergangenheit sowie und weit mehr noch von der kommunistischen Gegenwart abgrenzen konnte. Letzteres wurde wiederum mit dem Abflauen des Kalten Krieges und im Zeichen der neuen Entspannungspolitik als nachrangig erachtet. Dies wirkte sich vor allem auf die Ost- und Deutschlandpolitik aus. Die »Ostzone« bzw. die »sogenannte DDR« wurde faktisch als gleichberechtigter zweiter deutscher Staat anerkannt. Das hatte wiederum zur Folge, dass die DDR in der Politikwissenschaft nicht länger als totalitär, sondern lediglich als autoritär eingestuft wurde.

Vor diesem ideologie- und wissenschaftsgeschichtlichen Hintergrund, der im ersten Teil dargestellt wird, wirken die im zweiten Teil analysierten **Diskurse und Kontroversen**, die nach dem Untergang der DDR über sie geführt wurden, einerseits befremdlich, andererseits aber auch verständlich. Befremdlich, weil alles, was zuvor überwunden schien, wieder hoch kam. Verständlich, weil die Bundesrepublik sich als nachträglicher Sieger des eigentlich schon lange beendeten Kalten Krieges fühlte, weshalb sie ihre alte Staatsideologie reaktivierte und in die neue, die sogenannte Berliner Republik einbrachte und durchzusetzen suchte. Dabei ging es einmal mehr um die Totalitarismustheorie, die eine merkwürdige und keineswegs unumstrittene Renaissance erlebte oder erleben sollte. Hinzu gesellte sich eine erneute Revision des DDR-Bildes. Sie sollte nun doch wieder totalitär gewesen sein. Begründet wurde dies mit dem Verweis auf alte Totalitarismustheorien. Auch die »Makrovergleiche« zwischen DDR und Drittem Reich führten nicht zu dem erwarteten und erwünschten Ergebnis. Daher konzentrierte man sich auf »Mikrovergleiche«, wobei einzelne Politikbereiche und Problemfelder in »beiden deutschen Diktaturen« miteinander verglichen wurden. Hier kommen allerdings nur zwei zum Tragen: zunächst die noch von der sowjetischen Besatzungsmacht errichteten Speziallager, die mit den nationalsozialistischen Konzentrationslagern verglichen wurden, und dann der Diskurs über die Stasi, die so etwas wie eine »Rote Gestapo« gewesen sein soll.

Bei all diesen Debatten (an denen sich übrigens keineswegs alle der neuen DDR-Forscher beteiligten) handelte es sich um kontrovers geführte und ergebnisoffene Diskurse. Bei der im dritten und letzten Teil analysierten Geschichtspolitik einiger **Institutionen und Personen** war und ist dies anders. Sie haben beinahe alle Möglichkeiten ausgeschöpft, um ihre Dämonisierung der DDR im öffentlichen Diskurs durchzusetzen und politisch geradezu zu verordnen. Dies wird am Beispiel der entsprechenden Tätigkeiten der vom Bundestag eingesetzten Enquetekommission über die Aufarbeitung von Geschichte und Folgen der SED-Diktatur in Deutschland, des Forschungsverbundes SED-Staat an der FU Berlin unter der Leitung von Klaus Schroeder, der sogenannten Gauck- oder Birthler-Behörde und der Geschichtspolitik des Gedenkstättendirektors von Berlin-Hohenschönhausen, Hubertus Knabe, verdeutlicht.

Das in der **Zusammenfassung** gezogene Fazit lautet: Die Vergleiche und Gleichsetzungen von DDR und Drittem Reich sind weder empirisch noch theoretisch hinreichend zu begründen. Es handelt sich vielmehr um Ideologien, die zunächst gegenwartspolitischen Zielen dienen, konkret der Verteufelung der PDS/Die Linke und der Verklärung ihrer parteipolitischen Gegner.[6]

Noch wichtiger und vermutlich auch folgenreicher hingegen sind die vergangenheitspolitischen Intentionen. Dies gilt vorrangig dem angestrebten erinnerungspolitischen Paradigmenwechsel. Nicht Drittes Reich und Holocaust sollen wie bisher im Mittelpunkt des kollektiven Gedächtnisses und Gedenkens stehen, die DDR bzw. »zweite deutsche Diktatur« soll hier einen möglichst ähnlichen und gleichberechtigten Platz erhalten. Wie der eingangs erwähnte Beschluss der Bundesregierung zur künftigen Gestaltung und Finanzierung der Gedenkstätten zeigt, ist dieses Ziel fast, genauer, zu mindestens einem Drittel erreicht.

Auf jeden Fall wird die vergleichende Dämonisierung der DDR in Öffentlichkeit, Politik und vor allem in der politischen Bildung grundsätzlich akzeptiert und auch weiterhin intensiv betrieben. Dies führt, ob gewollt oder nicht, sei dahingestellt, zu einer indirekten Verharmlosung des Dritten Reiches, was denjenigen in die Hände spielt, die das Dritte Reich auf direktem Wege relativieren, indem sie auf die Autobahn, das Mutterkreuz und seine sonstigen »guten Seiten« verweisen.

Die Dämonisierung der DDR dient schließlich und nicht zuletzt auch der bekannten und immer mehr um sich greifenden Täter-Opfer-Umkehrung. Dabei werden aus Deutschen, von denen nicht alle, aber doch viele Täter waren, erbarmungswürdige Opfer: Opfer des Krieges, der Flucht und Vertreibung und jetzt auch noch der »zweiten deutschen Diktatur«. Wir sind oder sollen in irgendeiner Weise alle Opfer von Krieg und Gewaltherrschaft gewesen sein.

Schwer zu entscheiden, was schlimmer und für die politische Kultur gefährlicher ist. Doch noch ist nicht alles entschieden, die Diskurse nicht beendet. Wir, die wir das Volk waren und potenziell immer noch sind, können uns einmischen. Die vorliegende geschichtspolitische Streitschrift soll dazu beitragen und einige Argumente liefern.

1. Theorien und Begriffe

1.1 »Totalitäres System«

Er wolle ein *sistema totalitario* – ein totalitäres System – in Italien einführen, warf der Antifaschist Giorgio Amendola dem selbsternannten *duce*, dem Führer der italienischen Faschisten, Benito Mussolini, im November 1923 vor.[7] Davon war der erst ein Jahr zuvor an die Macht gekommene Mussolini jedoch noch weit entfernt.[8] Auch später ist es ihm nicht gelungen, die konkurrierenden Gewalten von Kirche, Krone, Militär und nicht zuletzt auch der Industrie gleich- oder gar auszuschalten. Dennoch hat er es versucht, weshalb Mussolini den Vorwurf Amendolas keineswegs zurückwies, sondern ebenso stolz wie trotzig erklärte, dass sein Ziel tatsächlich die Errichtung eines *stato totalitario* – eines totalitären Staates – sei. Aus dem antifaschistischen Schlagwort war eine faschistische Selbstbezeichnung geworden.

Diese wollten die Antifaschisten um Giorgio Amendola nicht dulden, weshalb sie ihren Vorwurf durch den Vergleich des faschistischen mit dem bolschewistischen System ergänzten. Beide »totalitären Systeme« stellten, wie Amendola formulierte, eine »totalitäre Reaktion auf Freiheit und Demokratie« dar.[9] Der Liberale Francesco Nitti stimmte Amendola zu und behauptete, dass »Faschismus und Bolschewismus« nicht auf »entgegengesetzten Grundsätzen« basierten, sondern die »Verleugnung derselben Grundsätze von Freiheit und Ordnung« bedeuteten.[10] Der Führer der von den Faschisten verbotenen christlichen Volkspartei (Partito Popolare Italiano), Luigi Sturzo, brach diese Gleichsetzung von rechts und links[11] auf die einprägsame Formel herunter, wonach es sich beim Faschismus um einen »Rechtsbolschewismus« handele, während der Bolschewismus als »Linksfaschismus« anzusehen sei.[12]

Kaum etwas an diesen Behauptungen war richtig.[13] Der faschistische Staat in Italien war weder damals noch später von »totalitären« Charakterzügen geprägt.[14] Seine Ähnlichkeit oder gar Wesensgleichheit mit dem bolschewistischen Staat ist niemals bewiesen worden. Die Neologismen »totalitär« und »Totalitarismus« waren zumindest damals nichts anderes als politische Kampfbegriffe. Meines Erachtens sind sie es bis heute geblieben. Andere Autoren haben bisweilen eine unterschiedliche Auffassung. Sie sprechen von »Totalitarismustheorien«, d. h. von wissenschaftlichen Lehren, die erst dann einen echten theoretischen Charakter haben, wenn sie empirisch bewiesen werden.[15] Die grundsätzliche Frage, die im folgenden kurzen Überblick beantwortet werden soll, lautet daher: Was war Totalitarismus wirklich: politischer Kampfbegriff und Ideologie oder wissenschaftlich bewiesene Theorie?[16]

Einen theoretischen Charakter hatten die Vergleiche, die Otto Bauer, Georg Decker, Alexander Schrifrin und einige andere deutsche und österreichische Sozialdemokraten zwischen dem italienischen Faschismus und dem russischen Bolschewismus durchführten, wobei sie sich auf die Bonapartismustheorie von Marx und Engels stützten.[17] Von den Begriffen Totalitarismus oder totalitär war dabei jedoch nicht die Rede. Außerdem wurden diese frühen Vergleiche nicht fortgeführt. Im Mittelpunkt der weiteren sozialdemokratischen Faschismusdiskussion stand der Nationalsozialismus.[18]

Die deutschen Sozialdemokraten, die in den 1920er- und 1930er-Jahren die verhassten Kommunisten nicht selten als »Kozis« titulierten und mit den »Nazis« auf eine Stufe stellten, weil es sich dabei um »gleiche Brüder mit ungleichen Kappen« handelte, gebrauchten den Ausdruck »totalitär« dagegen als bloßen Kampfbegriff. Damit antworteten sie auf den kommunistischen Widerpart des »Sozialfaschismus«, womit die Sozialdemokraten gemeint waren, die von kommunistischer Seite aus mit den »Faschisten« verglichen und gleichgesetzt wurden.[19]

Die fatalen Folgen dieser wechselseitigen Beschimpfungen sind bekannt: Die Einheitsfront aus Kommunisten und Sozialdemokraten, mit der man womöglich die Errichtung der faschistischen Diktatur in Deutschland hätte verhindern können, kam nicht zustande. Stattdessen gingen die Konservativen ein Bündnis mit den Faschisten ein, das es Hitler ermöglichte, eine terroristische Diktatur zu errichten, der sich auch seine ehemaligen konservativen Bündnispartner beugen mussten.

Naturgemäß fand das nicht den Beifall aller Konservativen.[20] Einige haben nach und teilweise sogar schon vor der angeblichen nationalsozialistischen Machtergreifung den Faschismus kritisiert. Dies jedoch nicht im Hinblick auf dessen Antidemokratismus und Antisemitismus, denn der fand ihre zumindest schweigende Zustimmung, sondern mit der Behauptung, der Faschismus habe wegen seines totalitären Charakters große Ähnlichkeiten mit dem Bolschewismus. Damit schlossen sie sich einigen Liberalen an, die ihre Ablehnung des Faschismus mit Verweis auf dessen Antiliberalismus begründeten, den er wiederum mit dem Bolschewismus gemein hätte.[21]

Politisch wirkungsvoll oder gar erfolgreich waren diese konservativen und liberalen Varianten der Totalitarismusdoktrin weder im In- noch im Ausland. Deutsche Konservative und Liberale fanden sich kaum und äußerst spät bereit, sich dem Widerstand anzuschließen. Er blieb die Sache weniger, von denen die weitaus meisten der politischen Linken angehörten. Der im und vom Ausland aus geführte Widerstand scheiterte oder kam gar nicht erst zustande. Schuld daran waren vor allem die demokratischen Westmächte, welche die faschistischen Staaten nicht bekämpften, sondern zu beschwichtigen suchten. Ihr Appeasement gipfelte in der widerstandslosen Hinnahme der Intervention beider faschistischen Mächte in den Spanischen Bürgerkrieg, die letztlich dazu führte, dass auch dort ein weiteres faschistisches Regime errichtet wurde. Das geschah mit ausdrücklichem Segen des Papstes, der den Kampf der in- und ausländischen Faschisten gegen die rechtmäßige Spanische Republik als gottgewollten und gerechtfertigten »Kreuzzug« gegen die »Mächte der Finsternis« ausgab und zugleich legitimierte. Damit waren vornehmlich, ja eigentlich ausschließlich der internationale Kommunismus und die Sowjetunion gemeint.

Die ersten wissenschaftlichen oder vielmehr sich wissenschaftlich gebenden Totalitarismustheorien, die Ende der 1930er-Jahre von einigen amerikanischen Politikwissenschaftlern erarbeitet wurden, hatten ebenfalls eine politische, vorrangig antikommunistische Funktion und Stoßrichtung.[22] Doch als beide Totalitarismen im September 1939 Polen überfielen und gemäß des schändlichen Hitler-Stalin-Paktes unter sich aufteilten, folgten diesen antikommunistischen Worten – noch – keine Taten. England und Frankreich erklärten nur Hitler-Deutschland den Krieg. Zwei Jahre später kam es nach dem deutschen Überfall auf die Sowjetunion sogar zum Bündnis innerhalb des gesamten Westens, einschließlich der USA und der »totalitären« Sowjetunion unter Stalin.

Diese politischen Entscheidungen wirkten sich unmittelbar auf die Politikwissenschaft aus. Die Totalitarismusforschung wurde 1941 schlagartig eingestellt, um fünf Jahre später nach Ausbruch des Kalten Krieges gegen den ehemaligen kommunistischen Bündnispartner ebenso unversehens wieder aufgenommen zu werden. Schon diese Schwankungen und Kehrtwendungen um 180 Grad deuteten auf den ideologischen Charakter und die politische Funktion der vorgeblich rein wissenschaftlichen Totalitarismustheorien hin.[23] Sie waren bewusst eingesetzte ideologische Waffen im ideologischen Kalten Krieg. Unter inhaltlicher Hinsicht lassen sie sich in drei Formen und Varianten einteilen.

Zunächst tauchen da die ideengeschichtlichen Versuche auf, das moderne Phänomen des Totalitarismus aus früheren politischen Erscheinungen her- und abzuleiten. Der israelische Historiker Yaakov L. Talmon meinte, der Totalitarismus des 20. Jahrhunderts gehe auf die große Französische Revolution des 18. Jahrhunderts zurück.[24] Ganz abgesehen davon, dass derartige ideengeschichtliche Kontinuitäten über einen so langen Zeitraum hinweg realgeschichtlich kaum nachweisbar sind, ist eindringlich darauf hinzuweisen, dass es fundamentale Unterschiede zwischen dem *terreur* Robespierres und dem alles in den Schatten stellenden Terror Stalins gibt. Von ganz anderer Qualität waren die von vielen als beispiellos eingeschätzten Verbrechen Hitlers. Hier wird wahrhaft alles in eine »Nacht« gestellt, in der nicht nur »alle Katzen grau«, sondern alle Verbrechen gleich sein sollen. Schließlich kann keine Rede davon sein, dass Faschismus und Kommunismus gleichermaßen links sein und über eine linke Tradition verfügen sollen.[25]

Ebenfalls problematisch ist die These Erwin Fauls, wonach der florentinische Politiker und Theoretiker Niccolò Machiavelli (1469–1527) der geistige Vater des Totalitarismus gewesen sei, weshalb der Totalitarismus als eine Abart des Machiavellismus zu bezeichnen sei.[26] Ganz abgesehen davon, dass man einen Politiker und Theoretiker des ausgehenden Mittelalters kaum für die Gedanken und Taten von Theoretikern und Politikern des 20. Jahrhunderts verantwortlich machen kann, ist kritisch anzumerken, dass Faul Machiavellis Gedanken arg verkürzt und damit schlicht falsch verstanden hat. Machiavelli war so nicht an der Rechtfertigung jeglicher auch der unmoralischen Politik, sondern generell an der Entwicklung einer Staatsräson gelegen, der sich auch der eben nicht allmächtige Fürst beugen und ihr folgen müsse. Tatsächlich haben dies verschiedene Fürsten und Staatsmänner dann auch getan. Einer von ihnen war Friedrich der Große, der zunächst ein Buch gegen Machiavelli geschrieben hat, um sich dann in seiner Innen- und Außenpolitik ganz an der machiavellistischen Staatsräson zu orientieren – sehr zum Nachteil seiner Nachbarn, die er skrupellos überfallen hat, und seiner Untertanen, die er unter Berufung auf das allgemeine Staatswohl ebenso gewissenlos unterdrückt hat. Beides hat zwar den ungeteilten Beifall der späteren preußischen und deutschen Historiker gefunden, ist im Gesamten hingegen kein Grund, den Machiavellisten Friedrich II. mit Hitler und Stalin auf eine Stufe zu stellen.

Die fantasievollste, heute dennoch immer noch oder wieder wirkungsvollste geistesgeschichtliche Totalitarismustheorie stammt von Erich bzw. Eric, wie er sich nach seiner Emigration in die USA nannte, Voegelin.[27] Voegelin griff noch weiter in die Geschichte zurück und suchte die Ursprünge des modernen Totalitarismus zunächst bei Cromwell, dann bei den mittelalterlichen Häretikern und schließlich bei einem ägyptischen Pharao, der mit einer Frau verheiratet war, deren Büste heute jeder kennt – Nofretete. Ihr heute wohl nur einigen Ägyptologen bekannter Mann hieß ursprünglich Amenophis IV., der sich jedoch in Echnaton umbenannte, nachdem und weil er die ägyptische Götterwelt abgeschafft und durch einen Sonnengott ersetzt hatte, als deren weltlichen Repräsentanten er sich selbst sah. Echnaton war der erste, dann aber nicht der einzige weltliche Herrscher, der die sonst getrennten Sphären der Politik und Religion zusammengefügt und zu dem gemacht hat, was Voegelin »politische Religion« nannte. Da auch die modernen totalitären Führer versucht hätten, die Religion ganz der Politik zu unterwerfen und ihr dienstbar zu machen, sei der moderne Totalitarismus insgesamt ebenfalls als »politische Religion« zu bewerten.

Hier liegt ein wahrer Kern. Tatsächlich haben alle modernen faschistischen und kommunistischen Diktatoren versucht, ihre Herrschaft mit gewissen pseudoreligiösen Mitteln und Methoden zu legitimieren. Sowohl um Mussolini und Hitler als auch um Stalin und Mao wurde ein, wie es bezeichnenderweise heißt, Führerkult betrieben. Doch keiner von ihnen hat sich faktisch und im wörtlichen Sinne als Gott verehren lassen oder gar eine neue Religion geschaffen. Die Institutionen der traditionellen Religionen sind zwar in der Sowjetunion und noch umfassender in China weitgehend zerschlagen und viele ihrer Repräsentanten und Anhänger blutig verfolgt worden, dennoch kann von einer völligen Eliminierung oder gar Ersetzung der Religionen nicht die Rede sein.

Für Deutschland und Italien traf das schon gar nicht zu. Hier waren die Kirchen eher Bundesgenossen denn Gegner. In Italien hat die katholische Kirche am Bündnis mit dem Faschismus bis zum Schluss festgehalten und auch festhalten können, weil Mussolini sie völlig gewähren ließ und es niemals gewagt hat, die Papst und Kirche durch die Lateranverträge von 1929 gewährten Privilegien auch nur anzutasten. Dagegen hat Hitler mehr als einmal gegen das am 20. Juli 1933 mit dem Vatikan abgeschlossene Konkordat verstoßen, was naturgemäß den Protest des Papstes und der Repräsentanten der deutschen katholischen Kirche nach sich zog, wobei sie gleichzeitig der Zerstörung der Demokratie tatenlos zusahen, zur Judenvernichtung schwiegen und den Rassen- und Vernichtungskrieg gegen die Sowjetunion ausdrücklich guthießen. Bei der evangelischen Kirche war es nicht viel anders. Ihr sogenannter Kirchenkampf war mehr ein Kampf innerhalb der Kirche und zwischen einer eher konservativen und einer radikal faschistischen Fraktion als ein Kampf gegen das faschistische Regime.[28]

Die heute geradezu modisch gewordene These, wonach ein enger Zusammenhang von Totalitarismus und »politischer Religion« herrsche, ist also empirisch kaum zu beweisen. Damit ist sie aber nicht gleich vollkommen zu verwerfen. Sie stellt sich vielmehr anders dar, als Voegelin und seine intellektuellen Gefolgsleute sich das gedacht haben. Von einer »politischen Religion« kann nämlich auch dann gesprochen werden, wenn nicht Politik die Religion, sondern umgekehrt Religion die Politik beeinflusst und ihren religiösen Dogmen unterwirft. Dieses Phänomen wird gemeinhin Fundamentalismus genannt. Und derartige fundamentalistische Bewegungen und Regime christlicher und muslimischer Prägung hat es nicht nur in der Vergangenheit gegeben, es gibt sie immer noch. Einige von ihnen haben sich bereits zu fundamentalistisch-faschistischen Regierungsformen entwickelt und können dies in Zukunft weiter tun. Das allerdings ist ein anderes Thema, das an dieser Stelle nicht zu erörtern ist.[29] Wenden wir uns stattdessen einem weiteren Strang der Totalitarismusforschung zu, der jedoch allein von einer Person repräsentiert wird: Hannah Arendt.

Hannah Arendts Meisterwerk *Elemente und Ursprünge totaler Herrschaft* sollte eigentlich kein Beitrag zur Totalitarismusproblematik sein und ist es auch nur im dritten und letzten Teil geworden.[30] Schließlich hat sich Arendt in den ersten beiden (und bei Weitem besseren) Teilen ihres Buches ebenso ausführlich wie ausschließlich mit den ideologischen »Elementen und Ursprüngen« des Nationalsozialismus beschäftigt. Dazu zählte sie den Antisemitismus einerseits, den Imperialismus andererseits. Diese Ideologien und politischen Strömungen hätten zur Errichtung des NS-Staates geführt, den sie als »totalitäres Regime auf der Basis einer Rassedoktrin« charakterisierte.[31] Doch dann hat Arendt im dritten Teil ihres Werkes den nationalsozialistischen »Rassenstaat«[32] mit dem bolschewistischen Klassenstaat verglichen und weitgehend gleichgesetzt. Bei beiden Regimen handele es sich um Formen ein und desselben Typs. Voraussetzung für die Entstehung dieser qualitativ »neuen Staatsform« seien der »Untergang der Klassenherrschaft« und die nachfolgende Atomisierung der orientierungslos gewordenen »Massen«. Ihr Kennzeichen sei der schrankenlose »Terror« einerseits, eine »Ideologie« andererseits, »die nicht das, was ist, sondern das, was wird, was entsteht und vergeht«, erklärt und propagiert.[33]

So weit die Theorie. Doch stimmt diese? Hier sind einige Zweifel angebracht. Kritisch anzumerken ist zunächst, dass Arendt zu wenig zwischen der »Ideologie« des »historischen Materialismus« und des faschistischen »Rassismus« differenzierte. Die Berufung der Nationalsozialisten auf die »Gesetze der Natur« kann in keiner Weise mit dem Bekenntnis der Bolschewisten zur marxistischen Lehre von der Gesetzmäßigkeit der historischen Entwicklung verglichen werden. Die »Lehre vom Kampf der Klassen« ist etwas anderes als die von den Nationalsozialisten übernommene darwinistische »Lehre vom Recht des Stärkeren«. Folglich darf ebenso wenig, wie Arendt dies vorschlug, die Vernichtung von »lebensuntauglichen und minderwertigen Rassen und Individuen (…) und sterbenden Klassen« eine Gleichsetzung erfahren.[34]

Die falsche Identifikation von faschistischer und kommunistischer Ideologie führte in der Folge zu einer Verkennung der unterschiedlichen Funktion und Zielsetzung des »Terrors« in beiden totalitären Regimen. In der Sowjetunion unter Stalin wurden neben tatsächlichen oder auch nur vermeintlichen politischen Gegnern Angehörige von Klassen verfolgt, die aus welchen Gründen auch immer als feindlich eingeschätzt wurden. Im Hitler-Deutschland waren es neben den im Vergleich zur Sowjetunion weniger politischen Gegnern Millionen von Menschen, die als »rassisch minderwertig und gefährlich« eingestuft worden waren.

Daher ist auch eine Differenzierung zwischen den »Gaskammern des Dritten Reiches und den Konzentrationslagern der Sowjetunion« obligatorisch. Arendt dagegen hat beiden Institutionen des Terrors einen gemeinsamen Zweck unterstellt, wenn sie behauptete, sowohl die kommunistischen wie auch die nationalsozialistischen »Konzentrations- und Vernichtungslager« hätten den Herrschenden als »Laboratorien« gedient, in denen »experimentiert« wurde, »ob der fundamentale Anspruch der totalitären Systeme, dass Menschen total beherrschbar sind«, durchgesetzt werden sollte.[35] Nein! In den nationalsozialistischen Vernichtungslagern und Todesfabriken ging es nicht um die Beherrschbarkeit oder das »Überflüssigwerden von Menschen« generell, sondern um die Vernichtung von Angehörigen genau bestimmter »Rassen«.

Es gibt noch weitere Schwächen und schlichtweg Fehler in Arendts Buch, die indes vornehmlich dem damaligen Forschungsstand geschuldet sind, der, vor allem was die Sowjetunion angeht, völlig unzureichend war. Darauf soll und muss hier aber auch deshalb nicht weiter eingegangen werden, weil Arendts Klassiker zwar immer hoch geschätzt, offensichtlich jedoch weniger gelesen und vor allem kaum oder sogar falsch rezipiert worden ist.[36]

Die weitere Totalitarismusforschung stand und steht bis heute zudem im Zeichen einer anderen Totalitarismustheorie, die in einer Publikation zu finden ist, das in der deutschen Ausgabe kurz und bündig *Totalitäre Diktatur* heißt.[37] Verfasst wurde es von dem amerikanischen Politologen und späteren Präsidentenberater Zbigniew Brzezinski[38] und dem Deutschen Carl Joachim Friedrich, der übrigens ein glühender Anhänger von Carl Schmitt und Befürworter einer, was immer das sein sollte, »konstitutionellen Diktatur« gewesen ist.[39]

Im Unterschied zu den bisherigen Totalitarismustheoretikern haben Friedrich und Brzezinski auf alle ideengeschichtlichen Herleitungen des Totalitarismusphänomens verzichtet und stattdessen ein politikwissenschaftliches Modell entworfen, das aber kaum auf die Empirie angewandt und schon gar nicht durch einen empirischen Vergleich der verschiedenen Totalitarismen bewiesen wurde. Was Totalitarismus ausmacht oder charakterisieren soll, wurde durch einfache Setzung bestimmt. Demnach sind Staaten (von Parteien war erst gar nicht die Rede) als totalitär einzustufen, wenn sie folgende sechs Merkmale aufweisen: 1. Ideologie; 2. Terror; 3. Monolithisches Einparteienregime; 4. Befehlswirtschaft; 5. Waffenmonopol und 6. Propaganda- und Nachrichtenmonopol.

Schon das Modell weist einige Behauptungen auf, die falsch oder zumindest problematisch sind. Problematisch ist die schon bei Arendt zu beobachtende weitgehende Gleichsetzung von faschistischer Rassen- und marxistischer Klassenideologie. Folglich haben Friedrich und Brzezinski, Arendt wiederum ähnlich, dem Faktum wenig Bedeutung beigemessen, dass sich der Terror in faschistischen Staaten gegen »minderwertige Rassen« und in kommunistischen Regimen gegen »feindliche Klassen« gerichtet hat. Nicht nur problematisch, sondern unbewiesen und falsch sind die weiteren Aspekte des Sechspunktemodells.

Folgt man der inzwischen keineswegs mehr neuen Nationalsozialismusforschung, so hegen sich begründete Zweifel daran, dass in Deutschland wirklich ein völlig monolithisches Einparteienregime errichtet worden ist. Der angebliche und von der Propaganda auch vielfach so gefeierte »Führerstaat« war keineswegs so geschlossen, sondern von Kompetenzkämpfen gekennzeichnet, weshalb er keinen monolithischen, sondern eher einen polykratischen Charakter hatte. Keineswegs mehr nur zweifelhaft, sondern eindeutig falsch ist die Behauptung, es habe sowohl im bolschewistischen Russland als auch im faschistischen Deutschland eine »Befehlswirtschaft« gegeben. Davon kann keine Rede sein. Anders als in der Sowjetunion ist die Wirtschaft im Dritten Reich nicht verstaatlicht worden und hat bis zum Schluss über eine relativ autonome Funktion verfügt. Was nun das im fünften Punkt des Modells erwähnte Waffenmonopol angeht, so sollte diesen Politologen eigentlich bekannt sein, dass alle Staaten, auch die demokratischen, darüber verfügen und verfügen müssen, weil sonst Anarchie und Bürgerkrieg herrschten. Dem Modell ist eigentlich nur im sechsten und letzten Punkt zuzustimmen: Faschistische und kommunistische Staaten haben wahrhaftig über ein Nachrichten- und Propagandamonopol verfügt, konnten es aber nicht immer und bis zum Schluss durchsetzen.

Die Hauptschwäche des Totalitarismusmodells von Friedrich und Brzezinski liegt aber in seinem idealtypischen und damit notwendigerweise statischen Charakter. So konnte die Entwicklung der konkreten totalitären Regime in Deutschland und der Sowjetunion nicht erklärt und definiert werden. Während sich das faschistische Regime immer weiter radikalisierte, was den Holocaust ermöglichte und zugleich seinen letzendlichen Untergang geradezu notwendig machte, ist es in der Sowjetunion nach dem Tod Stalins im Jahr 1953 und dem XX. Parteitag der KPdSU 1956 zu einer Entspannung auf den innen- und dann auch außenpolitischen Sektoren gekommen. Nach und wegen dieser Entstalinisierung war die Sowjetunion nicht mehr das, was sie unter Stalin gewesen war. Sie blieb zwar eine Diktatur, die aber zusehends schwindende Gemeinsamkeiten mit der 1945 untergegangenen nationalsozialistischen aufwies.

Der westlichen Totalitarismusforschung blieben diese Umstände natürlich nicht verborgen. Da man die veränderte Empirie nicht an die unveränderbare Theorie anpassen konnte,[40] kam es in allen westlichen Ländern zu einem langsamen Abrücken von der Totalitarismusdoktrin.[41] Innerhalb der Nationalsozialismusforschung kam sie überhaupt nicht mehr zur Anwendung.[42] Hier wurden die Totalitarismus- von den Faschismustheorien verdrängt. Jedenfalls in Deutschland und zumindest in den 1960er- und 1970er-Jahren.[43] Doch auch in der Forschung über den Kommunismus wurden die Versuche, die Totalitarismustheorien anzuwenden oder den totalitären Charakter der Ostblockstaaten durch einen Vergleich mit den faschistischen Staaten zu beweisen, ergebnislos eingestellt. Man suchte nach einem Ersatzbegriff und fand ihn im »Extremismus«.

1.2 »Abweichung von der gesellschaftlichen Norm«

Jegliche »Abweichung von der gesellschaftlichen Norm« und alle »politische(n) Einstellungen, die fundamentale Veränderungen in der Gesellschaftsordnung anstreben und dabei die Grenzen des demokratischen Rechtsstaates ausschöpfen, in Frage stellen oder überschreiten«, sind »extremistisch«, heißt es bei Wikipedia.[44] Nach dieser Definition sind oder können zumindest alle Falschfahrer, Nichtwähler, Wehrdienstverweigerer und so weiter als Extremisten bezeichnet werden – einfach grotesk. Haben wir es hier wieder einmal mit einem der vielen schwachsinnigen Wikipedia-Artikel zu tun, über die wir uns immer so ärgern? Keineswegs! Eine ähnliche und weitaus problematischere Extremismusdefinition befindet sich in einem »Politiklexikon«, das von der Bundeszentrale für politische Bildung herausgegeben wird. Hier heißt es: »Im politischen Sinne bedeutet Extremismus die prinzipielle, unversöhnliche Gegnerschaft gegenüber Ordnungen, Regeln und Normen des demokratischen Verfassungsstaates sowie die fundamentale Ablehnung der mit ihm verbundenen gesellschaftlichen und ökonomischen Gegebenheiten. Extremistische Einstellungen basieren i. d. R. auf grundsätzlicher Ablehnung gesellschaftlicher Vielfalt, Toleranz und Offenheit und stellen häufig den Versuch dar, die aktuellen politischen, ökonomischen und sozialen Probleme auf eine einzige Ursache zurückzuführen.«[45]

Dieser Bestimmung zufolge ist oder kann zumindest jeder

als Extremist bezeichnet und beschimpft werden. Denn wer ist nicht schon einmal nicht zur Wahl gegangen, obwohl er damit eine wirklich wichtige »Regel« des »demokratischen Verfassungsstaates« verletzt hat? Wer hat nicht schon einmal über die Arbeitslosigkeit geklagt und damit eine »gesellschaftliche und ökonomische Gegebenheit« nicht stillschweigend akzeptiert, sondern kritisiert? Und wer hat nicht schon einmal die »Ursache« der Arbeitslosigkeit und anderer »ökonomischer und sozialer Probleme« der Gegenwart in dem bei uns herrschenden Wirtschaftssystem der sogenannten sozialen Marktwirtschaft sehen wollen?

Wie konnte es zu einem solchen gemeingefährlichen Unsinn kommen? Wie unschwer zu erkennen ist und wie auch im Wikipedia-Artikel erkannt wird, stammt der Extremismusbegriff »aus dem Umfeld der Totalitarismustheorien«. Diese aber waren, wie im vorangegangenen Kapitel dargestellt, durch die Wissenschaft widerlegt und wegen der veränderten politischen Lage zudem wenig opportun geworden. Daher wurde nach einem Ersatzbegriff gesucht, der zunächst im »Radikalismus« gefunden schien.[46] Da das aus dem lateinischen Wort für Wurzel, *radix*, abgeleitete Wort radikal aber eigentlich nur bedeutet, bestimmten Dingen auf den Grund bzw. eben an die Wurzel zu gehen, was natürlich nicht verwerflich und politisch völlig ungefährlich ist, ging die Suche nach einem weiteren Ersatzbegriff weiter, bis schließlich der »Extremismus« entdeckt wurde.[47]

Die treibende Kraft war jeweils der bundesrepublikanische Verfassungsschutz, der bis 1973 »Radikale« beobachtete, danach jedoch von »Extremisten« (in den jährlichen Berichten des Verfassungsschutzes) sprach. Der Begriffswandel wurde weder begründet noch durch die Legislative vorgeschrieben. Letztere hatte fortwährend von »Radikalen« gesprochen. Auch der »Radikalenerlass« des Bundes und der Länder wurde nicht in »Extremistenerlass« umbenannt. Der Extremismusbegriff ist allein vom Verfassungsschutz und einigen seiner offiziellen und inoffiziellen Mitarbeiter in die Debatte eingeführt worden.[48] Zusammen mit einigen anderen Politologen begründeten sie eine neue Sparte der Politikwissenschaft – die Extremismus-forschung. Ihre Hauptvertreter waren und sind wiederum die uns schon bekannten Politologen Backes und Jesse.[49]

Alles in allem ist dies ein sehr denkwürdiger Vorgang, der ein Zwielicht auf das Rechts- und Verfassungsverständnis der Bundesrepublik wirft, in der Forschung und Lehre eigentlich frei sein sollen. Hiermit ist kein Angriff auf den Verfassungs-schutz verbunden, wenn sich allerdings ein Organ der Exeku-tive derart in die freie Wissenschaft einbringt, dann sind doch einige Grenzen überschritten worden. Umso erstaunlicher, dass diese Vorkommnisse so wenig erkannt und noch weniger kritisiert worden sind.

Außerdem hatte diese Entwicklung schwere politische Fol-gen, die auch unter rechtlichen Aspekten als bedenklich zu betrachten sind. Man denke nur an die vielen Opfer der soge-nannten Radikalenerlasse, die ihren Beruf verloren oder Stellen gar nicht erst antreten konnten, weil sie als radikal bzw. später-hin als extremistisch eingeschätzt worden sind. Dabei handelte es sich bei »radikal« und »extremistisch« keineswegs um Be-griffe des Rechts, tauchen sie doch weder im Grundgesetz noch überhaupt in irgendeinem Gesetz auf, weshalb sie zu keinerlei juristischen Konsequenzen führen und führen dürfen.[50] Nur solche Personen und Organisationen, die als »verfassungsfeind-lich« eingeschätzt werden, können vom Verfassungsschutz »be-obachtet« werden. Eine als »verfassungsfeindlich« bezeichnete Partei im Sinne des Grundgesetzes, der eine »fundamentale Ab-lehnung des demokratischen Verfassungsstaates« nachgewiesen wird,[51] kann sodann auf Antrag des Bundestages, des Bundes-rates und der Bundesregierung vom Bundesverfassungsgericht als »verfassungswidrig« eingestuft und verboten werden.[52]

Doch dies ist nicht alles. Extremismus ist nicht nur kein Rechtsbegriff, er ist ein politischer Begriff für ein real nicht existentes Phänomen, das von einigen Politologen erfunden wurde, die ihre Erfindung überdies völlig unzureichend be-gründet haben. Dazu noch einige weitere Beispiele, welche die bereits erwähnten – unzureichenden – Definitionen ergänzen.

Der Politikwissenschaftler Hans Günther Merk definierte »Extremismus als eine gegen die Wertvorstellungen einer Gemeinschaft von Menschen gerichtete Verhaltensweise«.[53] Welche »Gemeinschaft« – auch die »Volksgemeinschaft« in der NS-Zeit?, lautet die unumgängliche Frage. Sind die Widerstandskämpfer daher als Extremisten einzuordnen? So weit wollte Merk dann doch nicht gehen, weshalb er seine eigene Definition etwas einschränkte und behauptete, Extremisten seien solche Personen, die sich »gegen die Wertvorstellungen zumindest der gesamten freien Welt« ausgesprochen und/oder sich als »Gegner einer freiheitlich demokratischen Grundordnung (im Sinne des Grundgesetzes)« betätigt hätten. Es ist unfassbar. Hier beanspruchte ein westdeutscher Politologe, was die »Wertvorstellungen« der »freien Welt« sind oder zu sein haben, um dann noch anzufügen, diese sollten sich gefälligst an denen des Grundgesetzes orientieren. Die »Welt«, zumindest die »freie«, sollte hier wieder einmal »am deutschen Wesen genesen«.

Nicht ganz so kühn waren und wollten die Extremismusforscher Uwe Backes und Eckhard Jesse sein. Für sie ist Extremismus eine »Sammelbezeichnung für unterschiedliche politische Gesinnungen und Bestrebungen«, die »sich in der Ablehnung des demokratischen Verfassungsstaates und seiner fundamentalen Werte und Spielregeln einig wissen«.[54] Dies gelte, wie Uwe Backes in einem weiteren Aufsatz ergänzte und präzisierte, für alle »Verfassungsstaaten«, womit er eine Deutungshoheit nicht allein für die deutsche Demokratie beanspruchte.[55]

Hier ist zunächst noch einmal daran zu erinnern, dass eine bloße »Ablehnung des demokratischen Verfassungsstaates« nach unserer Verfassung noch nicht einmal »verfassungsfeindlich« oder gar »verfassungswidrig« ist. Gegen seine, wie auch immer diese sich gerieren sollen, »Spielregeln« zu verstoßen, indem ein Bürger sich zum Beispiel nicht an Wahlen beteiligt, ist zwar zu beklagen, aber auf keinen Fall in irgendeiner Weise zu verurteilen.

Zu kritisieren ist ebenso die weitgehende Identifikation von

Anarchismus[56] und Kommunismus,[57] zumal beide politische Erscheinungen nicht einmal im Ansatz definiert und voneinander differenziert werden. Daher ist außerdem fraglich, ob tatsächlich alle Kommunisten genau wie die Anarchisten (die tatsächlich allen politischen Organisationen misstrauen) den »demokratischen Verfassungsstaat« ablehnen würden. Gänzlich unbewiesen und letzten Endes auch unverantwortlich ist die Behauptung, Rechtsextremisten und die als linksextremistisch bezeichneten Kommunisten und Anarchisten gingen gemeinsam gegen den »demokratischen Verfassungsstaat« vor. Dies liest sich dann folgendermaßen: »Rechts- und Linksextremisten brauchen mithin einander. Letztlich sind sie also gar nicht daran interessiert, dass die andere Variante des Extremismus, die sie zu bekämpfen vorgeben, gänzlich von der Bildfläche verschwindet. Sie wollen vielmehr das hervorrufen, was sie so heftig attackieren.«[58]

Diese Äußerung enthält drei Behauptungen, die alle fragwürdig und falsch sind. Zunächst sollen linke und rechte Parteien einen extremistischen Charakter haben, weil ihre Vertreter an den äußersten linken und rechten Rändern eines halbrunden Parlamentssaals sitzen. Doch dies war und ist nicht immer und überall so. Im britischen Parlament sitzen sich Linke und Rechte bzw. die Vertreter der Regierungs- und der Oppositionspartei gegenüber. In der ersten französischen Nationalversammlung von 1790 haben dagegen die Linken auf den oberen Sitzreihen des ebenfalls halbrunden Sitzungssaals Platz genommen. Sie bildeten die sogenannte Berg-Partei (*montagne*), und ihre Mitglieder wurden *montagnards* (wörtlich: Gebirgler) genannt. Die Sitzordnung in den Parlamenten folgt also keiner festen und universal geltenden Regel.

Weiterhin sitzen keineswegs immer die ganz linken oder ganz rechten Parteien auch am linken oder rechten Rand. Im heutigen Bundestag sitzen zum Beispiel die Vertreter der FDP dort, wo eigentlich die der CDU sitzen müssten – ganz rechts. Aus der Tatsache, dass die Abgeordneten der FDP rechts von der CDU Platz nehmen, wird nun niemand schließen wollen, die FDP sei rechter als die CDU oder sei gar als »rechtsextremistisch« einzuschätzen.

Linke und rechte Parteien sind also keineswegs deshalb als links- oder rechtsextremistisch zu bezeichnen, nur weil ihre Vertreter an den linken und rechten Rändern der Parlamente Platz nehmen oder Platz nehmen müssen. Andererseits können auch Parteien, die weiter in der Mitte sitzen, eine extremistische, oder genauer, antidemokratische[59] Zielsetzung haben. In der Weimarer Republik war dies ohne Zweifel der Fall. Denn hier saßen die Vertreter der antidemokratischen DNVP links von denen der NSDAP. Andererseits haben sich keineswegs alle Abgeordneten der SPD, die wiederum rechts von der KPD saßen, zu den Prinzipien der parlamentarischen Demokratie bekannt. »Republik, das ist nicht viel – Sozialismus ist das Ziel!«, lautete ihre Losung. Kurz: Wer oder was die demokratische Mitte ist oder sein soll, ist relativ und veränderbar, was den sich selbst zu dieser demokratischen Mitte rechnenden Parteien natürlich sehr zugutekommt.

Die zweite Behauptung von Backes und Jesse ist noch problematischer: ihre durch nichts bewiesene These, »Links«- und »Rechtsextremisten« bekämpften gemeinsam die demokratische Mitte, wobei sie sich in politischer und ideologischer Hinsicht einander annäherten und schließlich anglichen. Zum Beweis dieser fantastischen These wird gern das Schicksal der Weimarer Republik bemüht. Sie sei von links und rechts bzw. von Kommunisten und Nationalsozialisten zerstört worden. Das ist sie keineswegs. Stattdessen wurden ihre demokratischen Bestandteile schrittweise und von oben (unter anderem durch die missbräuchliche Anwendung des Artikels 48) eingeschränkt, bevor die Republik dann durch ein Bündnis von Konservativen und Faschisten gänzlich beseitigt wurde. Von einer nationalsozialistischen »Machtergreifung« kann daher nicht gesprochen werden – von einer »nationalsozialistisch-kommunistischen« am allerwenigsten. Der Führer der KPD, Ernst Thälmann, wurde verhaftet und nicht wie jener der Konservativen, Alfred Hugenberg, Minister.

Die Angleichungsthese entbehrt jeglicher historischer und empirischer Grundlage. Suggeriert wird sie mit dem Fingerzeig auf einen imaginären Halbkreis, dessen linke und rechte Ränder sich annäherten, was Backes und Jesse mit der Verwendung eines weiteren grafischen Symbols zu beweisen trachteten – einem Hufeisen. Einmal in Schwung, formten sie in ihrer Fantasie bzw. auf dem Zeichentisch aus dem Hufeisen einen Kreis und nannten diesen »Extremismus«.[60]

Übertroffen wurde die Zeichenspielerei von dem Bonner Politologen Manfred Funke, der die Existenz des real nicht tragenden Extremismusphänomens durch ein Doppelkreis-Modell zu beweisen trachtete. Dabei sitzen die guten Demokraten in einem inneren Kreis, der von einem äußeren Kreis umgeben ist, in dem sich lauter Extremisten tummelten.[61]

All dies klingt mehr als komisch und ist es auch, war jedoch ernst gemeint und wurde als wissenschaftlich, genauer, politikwissenschaftlich ausgegeben. Tatsächlich handelte es sich um bloßen Trug, der an den von den Aufklärern entlarvten »Priestertrug« erinnert, mit dem verschiedene Klerikale den Wahrheitsgehalt von verschiedenen frommen Legenden zu beweisen gesucht haben. Beim Extremismus ist die Sachlage ähnlich. Extremismus ist eine Legende, die mit einem »Politologentrug« bewiesen werden soll.

Hierbei handelt es sich um einen in der Wissenschaftsgeschichte fast einmaligen Vorgang. Es muss weit zurückgreifen, wer etwas Ähnliches finden will. Ein Beispiel wäre da der Hexenwahn der Frühen Neuzeit. Hexen gab es zwar genauso wenig wie Extremisten, dennoch wurde ihre Existenz durch alle möglichen Tricks und Dokumente vorgeblich bewiesen, und zwar ganz »wissenschaftlich«. Keineswegs nur durch fanatische Exorzisten wie den Verfasser des berüchtigten *Hexenhammers*, Heinrich Kramer, sondern auch durch Gelehrte wie Jean Bodin, der die theoretischen Grundlagen des Absolutismus gelegt hat.[62]

Einige der heutigen Extremismusforscher haben mehr Ähnlichkeiten mit dem Exorzisten Kramer als dem Gelehrten Bodin. Hier ist noch einmal Manfred Funke zu erwähnen, der »den Extremisten« zunächst psychologisiert, um ihn dann einem strengen Exorzismus zu unterziehen. Strebe doch der »Extremist« danach, »das soziale Paradigma, in dem er lebt, bis zur Vernichtung hin verächtlich« zu machen. Er, »der Extremist«, sei »insgeheim ein Minderheits-Massenmensch«, der die »Abschaffung der gegebenen Verhältnisse unter prinzipieller Bejahung des Gewalteinsatzes zur Durchsetzung der neuen Wertvorstellungen« befürwortete und anstrebe, bei richtiger politologischer bzw. exorzistischer Behandlung aber noch von seinem verderblichen Weg abzubringen sei, sei er doch noch von »Skrupeln« befangen, »die Umkehr und Kompromiss nicht ausschließen«.[63]

Ich erspare mir hier weitere Beispiele dieser exorzistischen Rituale und kabbalistischen Zeichenspielchen, mit denen Existenz und Austreibung des Extremismus begründet und gefordert werden. Warum nur wurde dieser Missstand bisher nicht durchschaut? Aus welchem Grunde wenden sich auch heute noch linke Antifaschisten gegen Rechtsextremisten, obwohl sie damit doch den Verdacht auf sich ziehen, selbst Linksextremisten zu sein, die sich nur wenig von der anderen faschistischen Variante des Extremismus unterscheiden?

Die Antworten sind offensichtlich. Der Extremismusbegriff ist gerade wegen seiner Vagheit eine vorzügliche Waffe in der Hand der Rechten. Sie müssen nichts weiter als sich der Mitte zugehörig deklarieren, um sich von ihren rechtsextremen Bundes- und Gesinnungsgenossen formal abgrenzen und von den wahren Gefahren ablenken zu können, die von oben und aus eben dieser Mitte der Gesellschaft drohen. Damit können sie zugleich ihre eigenen antidemokratischen Gesinnungen und Taten vertuschen, weil die Gefahren, die der Demokratie drohen, nur von rechts und natürlich sehr viel stärker von links kommen und dem Halbkreis-Modell nach auch kommen können. Im Umkehrschluss muss die angebliche antidemokratische Zielsetzung der Linksextremen gar nicht erst bewiesen werden – es reicht, sie an den äußersten linken Rand zu verweisen.[64]

Andererseits werden die Gefahren, die handfest vom »rechten Rand« drohen, in einer schon unverantwortlichen Weise verkannt. Schließlich war und ist das, was als Rechtsextremismus bezeichnet wird, keineswegs nur antidemokratisch. Gemeint sind der klassische und der neue Faschismus, denn der war und ist außerdem antifeministisch, antikommunistisch,[65] antisemitisch und generell rassistisch – vertrat und vertritt also Ideologien, die auch in der Mitte der Gesellschaft, aber eben weit weniger unter den Linken anzutreffen sind. So dürfte, um nur ein Beispiel zu nennen, die antisemitische Einstellung, die heute in der Bevölkerung auf mindestens 20 Prozent geschätzt wird, keineswegs nur bei den Menschen anzutreffen sein, die aus welchen Gründen auch immer als ganz rechts stehend gesehen werden. Antisemiten gibt es überall, leider auch bei einigen Linken, die diesen ihren Antisemitismus meist als Antizionismus tarnen, weil sie lediglich Vorbehalte gegen die Zionisten oder den Staat Israel hegten.

Dass die Extremismusforscher und sonstigen so staatstreuen Politikwissenschaftler den Faschismusbegriff meiden wie der Teufel das Weihwasser, hat auch mit seiner im vorigen Kapitel bereits angedeuteten politischen Gefährlichkeit zu tun. Wer von Faschismus statt von Extremismus spricht, weist zugleich auf seine kapitalistischen Strukturen und Voraussetzungen sowie auf seine Bundesgenossenschaft mit dem Konservativismus hin. Erstere liegen immer noch vor, Letzteres – das historische Bündnis mit den Konservativen – kann sich wiederholen. So gesehen ist der Faschismus- bzw. Antifaschismusbegriff tatsächlich eine politische Waffe, der mit der des Extremismus begegnet werden soll.[66]

Daher sollten Antifaschisten nicht von (Rechts-)Extremismus reden. Dass sie es dennoch tun und in der Öffentlichkeit generell der Faschismus durch den Extremismusbegriff verdrängt worden ist, hat jedoch einen weiteren Grund. Bei der Debatte um Extremismus (und Totalitarismus) geht es keineswegs nur um Wissenschaft, nicht einmal bloß um Politik – hier geht es um etwas ganz Entscheidendes, aber häufig Übersehenes: um die Staatsideologie der alten Bonner Republik, die wieder die Staatsideologie der neuen Berliner Republik geworden ist oder zumindest werden soll.[67]

1.3 »Wehrhafte Demokratie«

Anders als die Weimarer Republik wollte die Bundesrepublik eine »wehrhafte Demokratie« sein.[68] Wehrhaft gegen wen oder was? Gegen die konservativen Kräfte aus der Mitte der Gesellschaft, welche die Demokratie von Anfang an bekämpft haben, um sie schließlich im Bündnis mit den Faschisten zu zerschlagen? Weit gefehlt! Gemeint waren die antidemokratischen Kräfte vom rechten und linken Rand des Parteienspektrums, die getrennt und teilweise auch gemeinsam die Demokratie von Weimar zerstört hätten.

Wie zuvor bereits erwähnt, ist diese These falsch. Die Weimarer Republik ist nicht von links und rechts, sondern von oben und aus der Mitte zerstört worden. Schon 1930 war sie keine funktionsfähige Demokratie mehr, weil alle Reichskanzler seit Brüning ohne Zustimmung des Parlaments regierten und sich mehr und mehr auf den Diktaturparagrafen 48 der Weimarer Reichsverfassung stützten. Am 30. Januar 1933 kam es schließlich zu einem Bündnis und einer Koalitionsregierung aus Faschisten und Konservativen und eben nicht aus Faschisten und Kommunisten.

Das Konzept der wehrhaften Demokratie beruht also auf der mehr als fragwürdigen Behauptung, wonach die Weimarer Republik von den rechten und linken »extremistischen« Parteien zerstört worden sei. Aus diesem einseitigen, ja im Grunde falschen historischen Deutungsmuster des Unterganges der Weimarer Republik wurden und werden bis heute sehr einseitige verfassungsrechtliche Schlussfolgerungen gezogen, die sich möglicherweise als ebenso falsch wie für den Bestand der Demokratie als wahrhaft fatal erweisen können.

So sieht sich die »wehrhafte Demokratie« doch vornehmlich, ja fast ausschließlich von »Vereinigungen« und »Parteien« bedroht, die sich laut Artikel 9.2 Grundgesetz »gegen die verfassungsmäßige Ordnung« richten oder die nach Artikel 21.2 GG »ihren Zielen oder nach dem Verhalten ihrer Anhänger darauf ausgehen, die freiheitlich demokratische Grundordnung zu beeinträchtigen oder zu beseitigen«. Eine Gefährdung der Demokratie von oben durch den schrittweisen Abbau demokratischer Rechte scheint schon für die Verfassungsväter unvorstellbar gewesen zu sein, obwohl sie genau dies kurz zuvor in der Endphase der Weimarer Republik selbst erlebt hatten.

Stattdessen wollten sie eine »demokratische Verfassung schaffen, in der vor allem der Gedanke der persönlichen Freiheit gegen totalitäre Staatsbestrebungen gesichert werden« müsse.[69] Dies führte dazu, dass der im Artikel 18 Grundgesetz erwähnte verfassungsrechtliche Kernbegriff der »freiheitlich demokratischen Grundordnung« nicht positiv, sondern negativ durch die Abgrenzung von irgendwelchen »extremistischen« oder »totalitären« Bestrebungen definiert wurde.

Deutlich ausgesprochen worden ist dies von dem sehr einflussreichen Staatsrechtler und Verfassungsrichter Gerhard Leibholz. In verschiedenen Publikationen hat er den »Totalitarismus« nationalsozialistischer und kommunistischer Provenienz als »negatives Gegenbild« zur »freiheitlich demokratischen Grundordnung« bezeichnet.[70]

Diese These findet sich gleichermaßen in einigen Kommentaren zum Grundgesetz wieder. In dem von Maunz/Dürig/Herzog verfassten heißt es, dass die im Artikel 18 erwähnte »freiheitlich demokratische Grundordnung« als »Gegenposition« zum »Totalitarismus« zu verstehen sei. Dies verpflichte den Staat dazu, alle auf den Totalitarismus »abzielende Bestrebungen von vornherein zu verhindern«.[71] Mit »Totalitarismus« war keineswegs nur der vergangene Nationalsozialismus, sondern auch, ja sogar zum größeren Teil der höchst lebendige Kommunismus gemeint. Mit bemerkenswerter Offenheit haben die Grundgesetzkommentatoren selbiges an anderer Stelle folgendermaßen formuliert: »Blickt man auf die erlebte Vergangenheit und die erlebte Gegenwart jenseits ›der Mauer‹ und ›des Todesstreifens‹, so wird eigentlich unmittelbar einsichtig, was alles zum Begriff der ›freiheitlich demokratischen Grundordnung‹ i. S. des Grundgesetzes gehört.«[72]

Diese Stellungnahme war deutlich genug. Tatsächlich hatte die Totalitarismusdoktrin, die man mit Fug und Recht als »Weltanschauung des Grundgesetzes« ansehen kann,[73] eine primär antikommunistische Stoßrichtung. Die linker oder gar kommunistischer Neigungen unverdächtige Gesine Schwan hat dies auch ohne Weiteres eingeräumt, wenn sie in ihrem 1999 erschienenen Buch über *Antikommunismus und Antiamerikanismus in Deutschland* schrieb: »So entstand der deutsche Antikommunismus als prinzipielle Überzeugung von der politischen Legitimität der bundesrepublikanischen politischen Verfassung genetisch aus den Erfahrungen mit dem Stalinismus; inhaltlich bekannte er sich wesentlich zur Freiheit, zur westlich-liberalen Demokratie, bedeutete also die Absage an die totalitäre Zwangsherrschaft der kommunistischen Einparteiendiktatur (...).«[74]

Mit dem Hinweis auf die noch dazu arg verkürzte Extremismuslegende und Totalitarismusdoktrin hat die Bundesrepublik ihre strikt antikommunistische Außen- und Innenpolitik begründet.[75] In außenpolitischer Hinsicht wurden alle Verhandlungen mit der »totalitären« Sowjetunion und ihren ebenso »totalitären« Satellitenstaaten abgelehnt. Ob Stalins Wiedervereinigungsangebot vom März 1952 ernst gemeint war oder nicht, ist dabei noch nicht einmal erkundet worden. Immerhin wurden drei Jahre später wieder diplomatische Beziehungen mit der Sowjetunion aufgenommen. Doch dies geschah mehr als widerwillig und ausschließlich mit der Sowjetunion. Beziehungen mit den übrigen Ostblockstaaten hatte und wollte man nicht unterhalten. Die Existenz der DDR wurde nicht zur Kenntnis genommen. Sie war und blieb die »sogenannte DDR« und wurde bis weit in die 1960er-Jahre hinein schlicht »Zone« genannt. Diese, wie wir heute wissen, falsche und verfehlte Außenpolitik erfolgte keineswegs aus rationalem Kalkül, sondern war irrationalen Ängsten und ideologischen, genauer, antitotalitären, und noch genauer, antikommunistischen Motiven geschuldet.

Der antikommunistischen Politik im Innern lag ebenfalls eine sehr einseitige Auslegung und Anwendung der Extremismuslegende und Totalitarismusdoktrin zugrunde. Ein gutes oder vielmehr schlechtes Beispiel hierfür ist das Verbot der KPD von 1956, das heute leicht in Vergessenheit geraten ist, deshalb aber – es könnte sich schließlich wiederholen – hier noch einmal in seiner Entstehung dargestellt werden soll.[76]

Am 22. November 1952 hatte die Bundesregierung beim Bundesverfassungsgericht unter Hinweis auf Artikel 21.2 GG den Antrag auf Feststellung der Verfassungswidrigkeit der KPD eingereicht.[77] Begründet wurde dies auf der einen Seite mit der Behauptung, die KPD würde wegen und aufgrund ihrer marxistisch-leninistischen Ideologie die Existenz der Bundesrepublik gefährden. Auf der anderen Seite kam die rein politisch geprägte Befürchtung hinzu, die KPD wolle die Wiedervereinigung Deutschlands und die »Einführung eines ganz Deutschland umfassenden, der sowjetischen Besatzungszone entsprechenden Herrschaftssystem vorbereiten«.

Das Bundesverfassungsgericht folgte am 17. August 1956 dem Antrag der Bundesregierung in allen Punkten, erklärte die KPD für verfassungswidrig, verfügte ihre Auflösung, ordnete die Einziehung ihres Vermögens an und untersagte im gleichen Atemzug alle möglichen alten und neuen Ersatzorganisationen. Begründet wurde diese Entscheidung in vier Abschnitten. Im ersten konstatierten die Verfassungsrichter, die KPD strebe grundsätzlich »die Errichtung einer sozialistisch-kommunistischen Revolution und die Diktatur des Proletariats« an. Ob die KPD ein solches damals tatsächlich noch wollte, war zumindest fraglich. Im zweiten Abschnitt der Urteilsbegründung wurde den Mitgliedern und Anhängern der KPD eine »Untergrabung der inneren natürlichen Autorität (!) und damit (?) der Legitimation der freiheitlichen demokratischen Grundordnung« unterstellt. Wie die schon damals nahezu bedeutungslose KPD dies anstellen sollte, erwähnten die Richter vorsichtshalber nicht. Stattdessen wiesen sie darauf hin, dass die KPD immerzu die Sowjetunion preise, wo »die Diktatur des Proletariats bereits verwirklicht« sei. Eine sehr spitzfindige, aber logisch kaum haltbare Begründung! Damit nicht genug, wurde der KPD im dritten Absatz der Urteilsbegründung vorgeworfen, mit ihrer Parteinahme für die Politik der UdSSR in einem »grundsätzlichen Gegensatz zur Politik der drei Westmächte und der Bundesrepublik« zu stehen. Letzteres gelte vor allem für die Vorstellungen der KPD von einer »Wiederherstellung der Einheit Deutschlands« oder hinsichtlich ihres Eintretens für eine »ganz bestimmte Gestaltung der Wiedervereinigung«. Ein von dem der Bundesregierung abweichender Kurs in der Deutschlandpolitik wurde also als Indiz für die Verfassungsfeindlichkeit der KPD gedeutet! Im vierten und letzten Abschnitt der Urteilsbegründung kam es noch schlimmer. Hier wurde der KPD eine »Verächtlichmachung der Verfassungsordnung der Bundesrepublik« unterstellt, ja vorgeworfen, der »freiheitlichen demokratischen Ordnung« nicht mit der nötigen »Achtung« begegnet zu sein.

Die erwiesenermaßen primär antikommunistisch ausgerichtete und verstandene Totalitarismusdoktrin hat über die Rechts- und Innenpolitik hinaus auch die Bildungspolitik der Bundesrepublik in einer Dimension geprägt, die sowohl unter rechtlichen wie pädagogischen Gesichtspunkten äußerst zweifelhaft zu beurteilen ist – wurde hier doch die allzeit als Theorie angesehene Totalitarismusdoktrin geradezu verordnet. Dies gilt vor allem für die 1962 von den Kultusministern der Länder erlassenen »Richtlinien für die Behandlung des Totalitarismus im Unterricht«, in denen die Lehrer darauf verpflichtet wurden, sich im Unterricht an der schon damals umstrittenen Totalitarismustheorie zu orientieren, womit sie ihren Schülern letzten Endes die »verwerfliche Zielsetzung« und die »verbrecherischen Methoden« des »kommunistischen und des nationalsozialistischen Totalitarismus« verdeutlichen sollten.[78] Dass es auch hier wieder vornehmlich um die Bekämpfung des

Kommunismus gehen sollte, wurde im folgenden Satz klar und unmissverständlich dergestalt ausgedrückt: »Die Tatsache, dass die beiden Systeme einander bekämpft haben, darf nicht über ihre enge Verwandtschaft hinwegtäuschen.«

Dieser verordnete Antitotalitarismus (eigentlich Antikommunismus) wurde jedoch immer mehr infrage gestellt und spielte in Schule und Universität eine immer geringer werdende Rolle. Außerdem protestierten Angehörige der sogenannten skeptischen und dann auch der kritischen Generation gegen antikommunistische Maßnahmen im eigenen Land und gegen den im Geist des Antikommunismus geführten Vietnamkrieg der USA. Gleichzeitig kam es im Zuge der sozialliberalen Ostpolitik zu einer »Entspannung«, die wiederum Rückwirkungen auf die Innenpolitik hatte. Gemeint sind die faktische Wiederzulassung der, in DKP umbenannten, KPD und einige bildungspolitische Reformen.

Diese außen- und innenpolitische Entspannung wurde gegen heftigsten Widerstand der konservativen Politiker durchgesetzt. Konservative Politologen und andere Ideologen störten sich vor allem an der Aufgabe des Totalitarismuskonzepts und seine Ersetzung durch das des Faschismus. Der Bonner Politikwissenschaftler Karl Dietrich Bracher wollte darin einen Verstoß gegen die Staatsideologie der Bundesrepublik sehen. In seinem Buch *Schlüsselwörter in der Geschichte* erklärte er:

»Der Totalitarismus von links und rechts war die grundlegende Erfahrung (der Bundesrepublik), und daraus folgte, daß das Selbstverständnis der zweiten deutschen Republik auf einem offenen Demokratiebegriff beruhte und sich Verfassungsinstitutionen schuf, die gegen totalitäre Tendenzen schützen sollten. (…) Vor diesem Hintergrund mußte es von schwerwiegender, das Selbstverständnis der Bundesrepublik treffender Bedeutung sein, wenn der Totalitarismusbegriff in der wissenschaftlichen und öffentlichen Diskussion durch den Faschismusbegriff ersetzt wurde' (…). Die Folgen sind unübersehbar. Denn hier geschah zugleich ein allmählicher Abbau jener Hemmungen und Schutzvorkehrungen der ›wehrhaften Demokratie‹, die

Staat und Gesellschaft vor neuen Polarisierungen und extremen Ideologisierungen bewahren und verhindern sollten.«[79]

Bracher hatte so unrecht nicht. Mit der Kritik des Totalitarismuskonzepts und seine weitgehende Ersetzung durch das des Faschismus war die Staatsideologie der (alten) Bundesrepublik infrage gestellt worden. Dies musste und hat sich auch auf das Bild der DDR und der ihr gegenüber betriebenen Politik ausgewirkt.

1.4 »Ostzone«

Als »Ostzone« ist die DDR bis weit in die 1970er-Jahre bezeichnet worden, obwohl sie gar nicht in dem bei Deutschen schon immer übel beleumdeten »Osten«[80] lag und obwohl sie keine »Besatzungszone«, sondern ein 1949 gegründeter und seit 1954 auch formell souveräner Staat war. Dennoch und vielleicht gerade deshalb wollte man mit der »Zone« und später dann der »sogenannten DDR« nichts zu tun haben. Stattdessen hat man sie mit politischen und propagandistischen Methoden bekämpft. Das aber keineswegs nur durch und mit staatlichen Institutionen wie dem 1952 gegründeten Gesamtdeutschen Ministerium und dem ihm untergeordneten Forschungsbeirat für Fragen der Wiedervereinigung Deutschlands, sondern auch durch und mit einigen halbstaatlichen Organisationen wie dem Ostbüro der SPD, der Kampfgruppe gegen Unmenschlichkeit (KgU) und dem Untersuchungsausschuss freiheitlicher Juristen (UFJ).[81]

Die propagandistische und politische Bekämpfung der DDR, wobei einige dieser Kampforganisationen des Kalten Krieges, wie die schon berüchtigte Kampfgruppe gegen Unmenschlichkeit, auch zu gewaltsamen und terroristischen Mitteln gegriffen haben,[82] ist vor allem unter Bezugnahme auf die Totalitarismusdoktrin legitimiert worden, galt die DDR doch schon damals als mindestens ebenso verwerflich und totalitär wie das gerade vergangene Dritte Reich.[83]

Solcherlei Vergleiche wurden keineswegs nur von einigen Politikern wie dem damaligen Vorsitzenden der SPD, Kurt Schumacher, gezogen, der die Kommunisten als »rot lackierte Nazis« zu titulieren pflegte,[84] sondern auch von einigen Wissenschaftlern. An erster Stelle sind hier einige »Ostforscher« zu nennen,[85] die ihre politische und wissenschaftliche Karriere im totalitären NS-Staat begonnen hatten, um sie dann in der demokratischen Bundesrepublik fortzusetzen,[86] unter allerdings veränderten Bedingungen, war ihnen doch ihr traditionelles Forschungsobjekt abhandengekommen. Dieses Objekt war der »deutsche Osten«, der im Zweifelsfall bis Moskau reichen sollte, nun hingegen zum kommunistischen Ostblock gehörte. Das missfiel den Ostforschern natürlich gänzlich, weshalb sie alles daransetzten, zumindest Mittel- und Ostdeutschland wiederzubekommen.

Eine solche revisionistische Zielsetzung der alt-neuen Ostforschung war unverkennbar, wurde aber dennoch vielleicht auch deshalb von der Bundesregierung gebilligt, finanziell gefördert und bildungspolitisch verordnet. Letzteres durch die »Empfehlungen der Kultusministerkonferenz über die Ostkunde« von 1956,[87] welche die bereits erwähnten »Richtlinien für die Behandlung des Totalitarismus« von 1962 ergänzten. Dieser Zusammenhang von Ost- und Totalitarismusforschung ist unverkennbar und wurde damals auch bereitwillig eingestanden.[88]

Dennoch stand die Erforschung der DDR oder, wie man geografisch korrekt, aber politisch gewollt sagte, »Mitteldeutschlands« nicht im Zentrum der Ostforschung und wurde auch keineswegs allein von ihr betrieben. Hinzu kamen einige Politologen und Zeithistoriker, die sich bei ihrem DDR-Drittes-Reich-Vergleich vor allem auf das bekannte und bereits erwähnte Totalitarismusmodell von Friedrich und Brzezinski beriefen, es aber freilich nicht beweisen und schon gar nicht auf die DDR anwenden konnten.[89] Hierdurch wurden weitere Politologen und Politiker mitnichten davon abgehalten, die DDR als totalitär zu bezeichnen. Dies nahmen sie nicht nur in Presse und Wissenschaft vor, sondern auch in den Schulbüchern, die ein gänzlich düsteres bzw. rot-braunes Bild der DDR zeichneten.

Trotz ihrer unverkennbaren politisch-propagandistischen Funktion fristete die frühe und im Zeichen der Totalitarismusdoktrin stehende DDR-Forschung innerhalb der damaligen Geschichts- und Politikwissenschaft ein Mauerblümchendasein. Kaum jemand nahm sie wirklich ernst. Nicht weil man ihre Forschungen für falsch, sondern weil man sie für völlig unnötig hielt. Schließlich wurde das Objekt ihrer Forschung – die »Zone« oder »sogenannte DDR« – als inexistent und nicht geschichtswürdig angesehen. Daran hat sich zumindest in der allgemeinen Geschichtswissenschaft bis zum Untergang der DDR wenig geändert. Sie war schlicht kein Thema und wird auch jetzt wieder – so im fünften Band der *Deutschen Gesellschaftsgeschichte* von Hans-Ulrich Wehler – nur als »negative Kontrastfolie« zum »fabulösen Aufstieg« der Bundesrepublik benutzt.[90]

Die schon damals betriebene Dämonisierung der DDR durch Vergleich mit dem Dritten Reich ist aber im Unterschied zu heute nicht so ohne Weiteres hingenommen worden. Dafür sorgte schon die Propaganda der DDR, die den westlichen Totalitarismusvorwurf mit dem Hinweis auf die Fortexistenz der kapitalistischen Strukturen und politischen Eliten des Faschismus in der BRD konterkarierte.[91] Der Wahrheitsgehalt dieser Argumentation wurde dann auch im Westen anerkannt, wenngleich spät und mehr als widerwillig.[92] Die Bundesrepublik wurde wegen ihrer vielen braunen Flecken nicht mehr so strahlend hell und weiß wahrgenommen. Umgekehrt hellte sich das bis dahin pechschwarze Bild der DDR etwas auf. Zu diesem Wandel beigetragen hatte auch die Entspannungspolitik im außen- und innenpolitischen Bereich.

Durch den außen- und innenpolitischen Wandel fühlten sich einige Politologen (Historiker hielten sich zurück) ermutigt, ein etwas anderes Bild der DDR zu entwerfen.[93] Zu nennen sind vor allem Peter Christian Ludz und Hartmut Zimmermann. Zusammen mit ihren wenigen Mitarbeitern forderten sie dazu auf, die DDR nicht wie bisher am Idealbild der westlichen Demokratie, das mit der Realität auch nicht immer übereinstimmte, sondern an ihrem Selbstverständnis zu messen. Gemeint war der Anspruch der DDR, eine moderne und leistungsfähige Industriegesellschaft zu sein oder zumindest zu werden. Dies wurde im Westen, wo die DDR noch in den 1980er-Jahren zu den zehn größten Industrienationen gerechnet wurde, ohne Weiteres geglaubt.

Aus dieser wohlgemerkt von außen angestellten Beobachtung schloss Peter Christian Ludz, diese moderne und leistungsfähige Industriegesellschaft könne nur von einer ebenso modernen und leistungsfähigen Elite verwaltet werden. Daher müsse es unweigerlich zu einem »Wandel« in der »Parteielite« kommen, der dazu führen werde, dass sich das ursprünglich »totalitäre« zu einem nur noch »autoritären« politischen System wandeln werde.[94]

Hartmut Zimmermann ging noch einen Schritt weiter. Er meinte, der Prozess der Rationalisierung wirtschaftlicher Entscheidungen und der Liberalisierung der politischen Herrschaft in der DDR sei bereits unumkehrbar. Daher werde es über kurz oder lang zu einer »Konvergenz«, d. h. zu einer Angleichung der westlichen und östlichen Herrschaftssysteme im Allgemeinen, der DDR und BRD im Besonderen kommen.

Im Zeichen und mithilfe dieser höchst spekulativen Konvergenz- und Modernisierungstheorien wurden dann sogenannte Systemvergleiche zwischen der Bundesrepublik und der DDR vorgenommen,[95] die nicht selten zugunsten der immer noch ohne Zweifel diktatorischen DDR ausgingen. Besser sollten unter anderem die Arbeitsplatzsicherung, die Kinderbetreuung, die Sozialversorgung und selbst die Lage der Frauen gewesen sein. Was den Bürgern der DDR zu ihrem vollkommenen Glück nur noch fehle, seien Bananen und Reisebüros, spöttelten einige Kritiker dieser damals neuen DDR-Forschung, die wohlgemerkt im und vom Westen aus und ohne Zugang zu internen Informationen und selbst Quellen betrieben wurde und werden musste. Die Kritik an dieser sogenannten immanenten DDR-Forschung[96] war daher wohlfeil und ließ nicht lange auf sich warten.

Sie konnte jedoch nicht auf einen anderen Zweig der DDR-Forschung zutreffen, der in Mannheim von Hermann Weber und seinen Mitarbeitern betrieben wurde, unter ihnen befand sich der äußerst produktive, aber später als IM entlarvte Dietrich Staritz.[97] Hermann Weber hatte den Vorteil, dass er die DDR nicht nur von außen, sondern auch von innen kannte. Als überzeugter Kommunist war er von seiner Heimatstadt Mannheim aus in die DDR gegangen, um zu einem kommunistischen Funktionär ausgebildet zu werden. Dort erkannte er jedoch sehr bald, dass die Realität der damals noch strikt stalinistischen DDR mit seinen sozialistischen Idealen nichts zu tun hatte, weshalb er sie fluchtartig verließ, um im Westen eine ernsthaft kritische Kommunismusforschung zu beginnen.[98]

Sie verzichtete auf jegliche Vergleiche mit dem Faschismus und kam auch ohne die damals schon umstrittenen Totalitarismustheorien aus. Von den dann in Mode kommenden politikwissenschaftlichen Konvergenz- und Modernisierungstheorien hielt der gelernte Historiker Weber nichts. Stattdessen bezeichnete er die DDR als das, was sie unzweifelhaft gewesen war – als »stalinistisch«. Dabei differenzierte Weber zwischen einem Stalinismus im »engeren Sinne«, der in der DDR bis etwa 1956–61 geherrscht habe, und einem Stalinismus im »weiteren Sinne«, weil nach 1956–61 zwar der stalinistische Personenkult weitgehend abgeschafft, die stalinistischen Herrschaftsstrukturen aber in nur leicht modifizierter Gestalt beibehalten worden seien. Zu Letzterem zählte Weber vor allem den Überwachungs- und Unterdrückungsapparat der Stasi.[99]

Von der Weißwäscherei der damals neuen DDR-Forschung war Hermann Weber ebenso weit entfernt wie von ihrer vorherigen und nachfolgenden vergleichenden Dämonisierung. Damit unterscheidet er sich im positiven Sinne von allen vorherigen und nachfolgenden DDR-Forschern, die nichts unversucht ließen, die DDR genauso zu verteufeln, wie dies schon während und im Zeichen des Kalten Krieges der Fall gewesen ist.[100]

2. Diskurse und Kontroversen

2.1 »Stiller Sieg«

»Stiller Sieg eines Begriffes« war ein Artikel überschrieben, der im November 1994 in der Wochenzeitschrift *Das Parlament* erschien.[101] Gemeint war der des Totalitarismus, wobei sich schon die Frage stellt, wie ein Begriff überhaupt in der Lage ist, siegreich zu sein. Zumal es sich beim Totalitarismus um eine Theorie handelt, die niemals empirisch bewiesen wurde, weshalb sie eigentlich als Doktrin einzuordnen ist. Tatsächlich wurde ihr angeblicher Sieg im *Parlament*-Artikel auch keineswegs nur konstatiert, sondern geradezu dekretiert. Und überdies in einer Zeitschrift, die überparteilich sein und der allgemeinen politischen Bildung dienen soll. Hier darf Kritik ansetzen. Doch dazu wäre notwendig zu erfahren, welche Totalitarismustheorie eigentlich gesiegt haben sollte, denn davon waren bekanntlich mehrere im Umlauf.[102]

Die chronologisch letzte war die sogenannte genetische Totalitarismustheorie Ernst Noltes, der Faschismus und Kommunismus nicht nur weitgehend gleichgesetzt, sondern behauptet hatte, der Faschismus sei eine notwehrartige Reaktion auf den früheren und ungleich gefährlicheren Kommunismus gewesen. Damit hatte Nolte bekanntermaßen den Historikerstreit ausgelöst, der mit einer Niederlage Noltes endete (oder jedenfalls geendet zu haben schien), weil nahezu alle Diskutanten die Singularität des Holocausts betonten. Damit wurde gleichzeitig die These von der Vergleichbarkeit von Faschismus bzw. Nationalsozialismus zurückgewiesen. Für den Holocaust war schließlich der Nationalsozialismus und nicht der Totalitarismus verantwortlich.

Doch gab es auch einige Verteidiger Noltes und seiner aufrechnenden Vergleiche. Zu ihnen gesellte sich der einstmals linke, inzwischen aber ins rechte Lager gewechselte Bremer Historiker Immanuel Geiss, der ein Buch über den, wie sich Geiss auszudrücken beliebte, »Hysterikerstreit« veröffentlichte. Dieses Buch oder vielmehr dieser Essay erschien aber erst 1992 und damit vier Jahre nach Ende des Historikerstreits und zwei Jahre nach der Wiedervereinigung.[103] Geiss urteilte also aus der rückschauenden Perspektive, in der man normalerweise vieles klarer und auch ausgewogener sieht. Bei Geiss' angeblich »unpolemische(m) Essay« war das Gegenteil der Fall. Mit einer ins Persönliche gehenden Aggressivität attackierte er vor allem seinen Kollegen Hans-Ulrich Wehler, der sich mit seinem 1988 erschienenen Buch über die »Entsorgung der deutschen Vergangenheit« als vehementester Gegner Noltes profiliert hatte.[104] Wehlers Kampfschrift war zweifelsfrei ein, wie es im Untertitel auch hieß, »polemischer Essay«, doch dies rechtfertigte die polemische Schärfe nicht, mit der Geiss Wehler angriff und richtiggehend abkanzelte.

Die durch die Wiedervereinigung veränderte Perspektive habe nach Geiss die Legitimität der Totalitarismustheorie und die »Zulässigkeit des Vergleichs von Kommunismus und Nationalsozialismus« bewiesen. Zwischen dem »nationalen und dem international-›proletarischen‹ Sozialismus« gebe es kaum Unterschiede. Der einzige bestünde im unterschiedlichen »Industrialisierungsgrad« beider Totalitarismen. Er sei auch für den besonderen, aber keineswegs singulären Charakter des Holocaust verantwortlich. Diesen völlig verqueren und mehr als anstößigen Gedanken führte Geiss folgendermaßen aus: »Der höhere Industrialisierungsgrad Deutschlands ermöglichte die Technik des industrialisierten Massenmordes von Auschwitz, Treblinka und Majdanek. Die niedrigere Industrialisierungsstufe der UdSSR reichte nur zur rationalisierten, aber noch konventionellen Methode des administrativen Massenmordes – Genickschuss, Verhungernlassen, Zutodearbeiten unter unmenschlichen Lebens- und Arbeitsbedingungen.«[105] Mit dieser Infragestellung der Singularität des Holocaust spielte Geiss denjenigen neurechten Ideologen in die Hände, die sich wie Karlheinz Weißmann und Rainer Zitelmann zur gleichen Zeit um einen nationalistischen »Rückruf in die Geschichte« und eine endgültige Bannung der »Schatten der Vergangenheit« bemühten.[106] Mit von der Partie waren auch die Extremismusforscher Uwe Backes und Eckhard Jesse. Alle begrüßten unisono und mit großer Begeisterung die »Renaissance einer lange tabuisierten Konzeption«,[107] womit der Totalitarismus gemeint war, weil dieser »Paradigmenwechsel«[108] die »Schatten der Vergangenheit« banne und den »Rückruf in die Geschichte« erleichtere. Der ideologische Zusammenhang zwischen Nationalismus, Revisionismus und Totalitarismus war unverkennbar.[109]

Umso unverständlicher und unentschuldbarer war es, dass dies auch von einigen Linken nicht erkannt wurde, die sich plötzlich und fast von einem Tag auf den anderen zu der bisher immer einhellig abgelehnten Totalitarismusdoktrin bekannten. Einer der Ersten war der ehemalige 68er und spätere Historiograf der 68er-Bewegung Wolfgang Kraushaar, der sich in einem schon 1992 veröffentlichten Aufsatz »für eine Reaktualisierung der Totalitarismustheorie« einsetzte.[110] Überschrieben war dieser Aufsatz treffenderweise mit »Sich aufs Eis wagen«. Tatsächlich ist das Eis der Totalitarismustheorie mehr als brüchig, weil sie empirisch nicht belegt ist. Erschwerend kommt hinzu, dass sie für rechte Zielsetzungen instrumentalisiert werden kann, weshalb leicht einbrechen und in einem rechten Sumpf versinken kann, wer dieses brüchige Eis betritt.[111]

Kraushaar war sich dessen sehr wohl bewusst und kritisierte in scharfen Worten die antikommunistische Funktionalisierung und die damit einhergehende Relativierung der NS-Vergangenheit durch Totalitarismustheorien wie die von Friedrich und Brzezinski. Im Totalitarismuskonzept insgesamt wollte er ein »Negativkorrelat abendländischer Werteposition« sehen. In einem weiteren Aufsatz bemängelte er mit Recht das Fehlen einer »von der Gegenwart aus verfassten Totalitarismustheorie, die dem aktuellen Forschungsstand zur Geschichte von Faschismus, Nationalsozialismus und Sowjetkommunismus auch nur annähernd angemessen wäre«.[112]

Warum hat er sich dennoch für die »Reaktualisierung« einer Theorie eingesetzt, die empirisch nicht bewiesen war und einen unverkennbaren ideologischen Charakter hatte? Eine gewissermaßen selbstkritische Antwort gab er mit dem Hinweis auf seine Mitarbeit am damaligen Großprojekt des Hamburger Instituts für Sozialgeschichte über die drei »Makroverbrechen« des 20. Jahrhunderts: »Auschwitz, Gulag, Hiroshima«. Damit habe man sich Kraushaar zufolge in den »Bedeutungshof der Totalitarismustheorie« begeben.[113]

Der Vergleich der Verbrechen der Deutschen, Sowjets und Amerikaner sollte also mithilfe und unter Verwendung einer (welcher?) Totalitarismustheorie begründet und durchgeführt werden. Unfassbar! Ebenso wurde dieses Vorgehen seinerzeit auch befunden. Die vom Leiter und Finanzier des Hamburger Instituts für Sozialgeschichte, Jan Philipp Reemtsma, initiierte Ausstellung über diese »Makroverbrechen« wurde innerhalb der linken und liberalen Öffentlichkeit geradezu schamvoll verschwiegen und zügig wieder geschlossen. Große Aufmerksamkeit und zunehmende Begeisterung fand dagegen die Ausstellung über die »Verbrechen der Wehrmacht«, die eigentlich nur ein und noch dazu untergeordneter Teil des »Makroverbrechen«-Projektes gewesen sein sollte.

Der Erfolg der Wehrmachtsausstellung, in der die Verbrechen der Deutschen eben nicht mit denen der anderen – seien es Sowjets oder gar Amerikaner – verglichen und aufgerechnet wurden, hätte Kraushaar (und seinem Auftrags- und Ideengeber Reemtsma) eigentlich lehren sollen, dass er sich mit seinem Plädoyer für die Totalitarismustheorie auf der falschen ideologischen Spur befand. Doch stattdessen kehrte Kraushaar den Spieß einfach um und beschuldigte einige Linke und auch mich, auf der falschen Spur zu fahren und »linke Geisterfahrer« zu sein. Damit nicht genug, unterstellte er allen Linken, die sich nicht bereit zeigten, die Totalitarismusdoktrin zu übernehmen, keine oder nur mangelhafte »liberal-demokratische

Grundüberzeugungen« zu haben. Wer diesen, wie Kraushaar formulierte, »Lackmus-Test« nicht bestehe oder gar nicht bestehen wolle, sei kein richtiger Demokrat, ja kein echter »Linker«. Das erinnert doch sehr an den Gessler-Hut, vor dem sich Schillers Wilhelm Tell nicht verneigen wollte.

Vor diesem verneigt hat sich dann ausgerechnet der DDR-Historiker und Verfasser eines sehr kritischen Buches über die, wie er richtig erkannt hatte, »Totalitarismus-Doktrin«, Gerhard Lozek,[114] was er mittels der abgegriffenen Behauptung, Vergleichen bedeute schließlich nicht Gleichsetzen, begründete. Innerhalb der Totalitarismusforschung hat es das aber sehr wohl bedeutet. Doch lassen wir Lozek und verzeihen ihm seine pflichtschuldigen Bekenntnisse zur parlamentarischen Demokratie und selbst zur »sozialen Marktwirtschaft«.[115]

Beim Exlinken (und jetzigen Grünen) Daniel Cohn-Bendit verhält es sich anders. Im Vorwort zu Kraushaars Aufsatzsammlung setzte er alles daran, Kraushaars Staatstreue noch zu übertreffen,[116] und zwar mit dem Ausspruch: »Wer vom Totalitarismus schweigt, sollte auch nicht über die Freiheit reden.« Cohn-Bendit schwang sich sogar zu einem vehementen Verfechter des Kapitalismus auf. Die »Marxsche Kritik am Kapitalismus« sei falsch, denn schließlich gebe es »im Kapitalismus (…) zwar Armut und Ungerechtigkeit, aber es gibt auch einen schier unermesslichen Reichtum«.

Na bitte, kann man da nur sagen, haben wir es nicht schon immer gewusst oder hätten es zumindest wissen sollen, dass der Kapitalismus schön und gerecht und auf jeden Fall keine Gemeinsamkeiten mit dem Faschismus hat? Einem Faschismus, der ohnehin im Schatten des Kommunismus steht oder stehen soll, weil der Kommunismus das größere Übel gewesen sei und genau viermal mehr Opfer gefordert habe als der längst vergangene und »bewältigte« Faschismus bzw. »Nationalsozialismus«.

Diese Erkenntnisse verdanken wir einer Veröffentlichung, die zwar von französischen Exlinken (vor allem Maoisten) herausgegeben und auch zu großen Teilen verfasst wurde, die aber auch auf die begeisterte Zustimmung vieler deutscher Exlinken stieß, unter denen sich ebenfalls auffallend viele ehemaligen Maoisten befanden:[117] *Das Schwarzbuch des Kommunismus.*[118] Dieses Machwerk enthält die bisher radikalste und gemeinste, darüber hinaus falsche Totalitarismusdoktrin, die es je gegeben hat, zudem ohne jegliche Berufung auf eine Theorie – Totalitarismus soll nur der »Analyserahmen« sein – und ohne einen wirklichen und elaborierten Vergleich von Faschismus und Kommunismus.

Dennoch wurde die Vergleichbarkeit von Faschismus und Kommunismus fortwährend behauptet. Zuallererst durch die Verwendung von Begriffen und Metaphern, die aus der NS-schlicht auf die Kommunismusforschung übertragen wurden, und zum anderen durch Rechentricks, wobei die Zahl der Opfer des Faschismus auf 25 Millionen herunter-, die des Kommunismus dagegen auf 100 Millionen heraufgerechnet wurde. Die Absicht, die dahintersteckte, war klar: Der kommunistische »Klassentotalitarismus« sei nicht nur mit dem faschistischen »Rassentotalitarismus« vergleichbar, er sei viermal so bösartig gewesen, weil dem kommunistischen »Klassenmord« auch viermal mehr Menschen zum Opfer gefallen seien als dem faschistischen »Rassenmord«.

Diese Relativierung des immer noch als singulär angesehenen Holocaust hätte gerade in Deutschland nach und wegen des »Historikerstreits« auf scharfe Kritik stoßen müssen, doch geschah dies nicht oder kaum. Begeisterte Zustimmung fand die Verdammung des zu keinem Zeitpunkt definierten und in keiner Weise vom Maoismus oder dem tatsächlich einzigartigen Pol-Pot-Regime in Kambodscha abgegrenzten Kommunismus. Hier gab es eine Art ideologische Querfront, die von ganz links bis weit nach rechts reichte. Neurechte Ideologen und ehemalige Maoisten waren sich vollkommen einig und begrüßten gemeinsam diese radikalisierte Totalitarismustheorie, vor allem, weil sie die Deutschen von der Fixierung auf den Holocaust erlöse. Einige, und zwar wiederum sowohl Rechte wie (Ex-)Linke gingen sogar noch einen Schritt weiter, indem sie die sogenannte »Schuldbesessenheit« der deutschen »Gutmenschen« geißelten und »den Juden« und dem Staat Israel vorwarfen, all dies und den Holocaust selbst für politische und materielle Zwecke zu instrumentalisieren. Hier ging der modisch gewordene linke Antizionismus eine unheilige Allianz mit dem rechten Antisemitismus ein, vor allem dem von Adorno so genannten »sekundären Antisemitismus«, eines Antisemitismus nicht trotz, sondern gerade wegen des Holocaust.

Für diese spezifisch deutsche Rezeption des *Schwarzbuchs* sind allerdings seine französischen Verfasser nicht verantwortlich zu machen, war ihr Ausgangspunkt doch eine andere Perspektive. Das trifft nicht unbedingt für den Antizionismus und Antisemitismus zu, denn der war innerhalb der französischen Linken mindestens genauso virulent wie in der deutschen, wohl aber für den Antikommunismus. Denn der war in Frankreich, völlig anders als in Deutschland, kaum vorhanden. Beinahe das Gegenteil war der Fall. Viele der führenden französischen Linksintellektuellen haben den Stalinismus noch bis weit in die 1970er-Jahre hinein gegen alle Angriffe erbittert verteidigt. Von derlei kommunistischen, oder besser und treffender formuliert, stalinistischen Illusionen sind sie erst durch die Veröffentlichung von Solschenizyns *Der Archipel Gulag* befreit worden. Dieses Buch rief einen wahren Schock, einen »Gulag-Schock« hervor, der gleichzeitig dazu führte, dass die bis dahin in Frankreich kaum zur Kenntnis genommenen Totalitarismustheorien rezipiert und dann auch von einigen der sogenannten neuen Philosophen weiter ausgesponnen wurden.[119]

Dass diese alten und neuen Totalitarismustheorien unweigerlich zu einer Infragestellung der Singularität des Holocaust und generell zu einer Relativierung des Faschismus führten und führen mussten, wurde in Frankreich wenig bemerkt und noch weniger kritisiert, fühlte man sich hier von beiden nicht oder kaum betroffen. Dabei ist in Frankreich sowohl der faschistische Charakter des Vichy-Regimes als auch seine Kollaboration beim Holocaust geleugnet und tabuisiert worden, und zwar unter Rückgriff auf die Résistance, der, wenn nicht

alle, so doch viele Franzosen und vor allem die Linken angehört haben sollen. Die deutschen Debatten über Schuld und
(historische) Verantwortung waren für die Franzosen die be-
rühmten *querelles allemandes*, die sie nicht verstanden und mit
denen sie ebenso wenig zu tun haben wollten.[120]

Weder Verständnis noch überhaupt Kenntnis hatte man in
Frankreich von der DDR und ihrer Einschätzung als totalitär.
Daher war es wohl kein Zufall, dass in der französischen Ausgabe des *Schwarzbuchs* ein Kapitel über die DDR fehlte. In der
deutschen Übersetzung wurde das Versäumnis durch den Ab-
druck von zwei kurzen Artikeln nachgeholt, die aber nicht von
Historikern, sondern von zwei Pfarrern verfasst wurden, die
indes beide inzwischen in die Politik gegangen waren: Ehrhart
Neubert und Joachim Gauck. Obwohl Gauck und Neubert
sich alle Mühe gaben, die DDR in den bedrohlichsten Farben
zu malen, ist es ihnen nicht gelungen, ihr auch nur annähernd
so viele und so schreckliche Verbrechen nachzusagen, wie sie
die übrigen im *Schwarzbuch* beschriebenen kommunistischen
Regime begangen haben sollen.

Damit wurde eine weitere, bisher noch gar nicht augen-
fällig gewordene Schwäche der Totalitarismustheorie deutlich.
Sie wird der unterschiedlichen Entwicklungen und Strukturen
der verschiedenen Regime nicht gerecht, die für kommunistisch erachtet worden sind.[121] Hinzu kommt, dass auch die von
diesen vorgeblich kommunistischen Staaten begangenen Verbrechen einen anderen Charakter hatten und vor allem anders
motiviert waren als die des (deutschen) Faschismus.

Dieser entscheidende Einwand, der gegen die Richtigkeit
und Anwendbarkeit des Totalitarismuskonzepts spricht, ist
auch in den neueren Schriften zur Problemstellung nicht aus-
geräumt worden, wenngleich ein Versuch unternommen worden ist. So hat sich einer der neueren Totalitarismus-Apolo-
geten zu der wahrlich inakzeptablen Argumentation hinreißen
lassen, die rassistische Vernichtungspolitik des Dritten Reiches
sei »nicht konstitutiv« für den Totalitarismus gewesen.[122] Den
Holocaust einfach ausklammern möchte offensichtlich auch

Friedrich Pohlmann, der allen Ernstes der Meinung war, die »vollständige Ausprägung totalitärer Herrschaft« habe nur »im Kommunismus« stattgefunden.[123]

In letzter Zeit sind weitere, jeder Grundlage entbehrende Rechtfertigungsargumente für das Totalitarismuskonzept vorgebracht worden, doch keine einzige wirklich neue Totalitarismustheorie.[124] Daher kann an dem schon vor zehn Jahren gezogenen Fazit festgehalten werden, dass es sich beim Totalitarismus mehr um eine politische Doktrin als um eine politikwissenschaftliche Theorie handelt.[125] Einen »stillen Sieg« der Totalitarismustheorie zu konstatieren ist falsch. Was es gibt, ist eine Renaissance der Totalitarismusdoktrin. Angewandt wird sie jetzt vornehmlich auf Die Linke, die als extremistisch taxiert wird,[126] weil es sich bei ihr um die Nachfolgepartei der Staatspartei der totalitären DDR handelt oder handeln soll.[127] Ist das haltbar? War die DDR wirklich totalitär und mit dem Dritten Reich vergleichbar?

2.2 »Autalitär«

Die DDR sei weder autoritär noch totalitär, sondern »autalitär« gewesen.[128] Diese schöne, aber etwas komisch wirkende Begriffsbildung verdanken wir Eckhard Jesse, der schon durch fantastische Extremismuskreise helle Begeisterung auszulösen vermochte. Dabei hat Jesse mit diesem Kompromissvorschlag zwischen den Extremen vermitteln wollen, genauer, zwischen den Historikern und Politologen, für welche die DDR nur »autoritär« war, und denen, die sie, wie schon zur Zeit des Kalten Krieges, als »totalitär« bezeichnet und verteufelt haben.[129]

Von Letzteren gab es nach dem Untergang der DDR unglaublich viele, und sie vermehrten sich mit noch unglaublicherer Schnelligkeit. Darunter befanden sich einige, die zuvor mit der DDR nichts zu tun hatten, sie weder von außen noch gar von innen kannten und sich vor allem niemals wissenschaftlich mit ihr beschäftigt hatten. Fast alle von ihnen waren Lehrlinge, wollten aber unbedingt ganz schnell Meister werden – oder zumindest eine der begehrten neu geschaffenen Stellen in den Universitäten und Forschungseinrichtungen ergattern. So verständlich das auch ist, entschuldigt es aber ihren häufig blinden und daher schädigenden Eifer nicht. Störend ist zusätzlich ihr nachgeholter Antikommunismus, den sie ausgerechnet nach Ende des Kommunismus (jedenfalls in Europa) an den Tag legten und dies bis heute tun.

Um den Gesamtzusammenhang zu verstehen, die Umstände dabei jedoch nicht unbedingt billigen zu müssen, ist die damals einmalige Situation zu berücksichtigen. Wann ist schon einmal ein ganzer Staat so schnell und so ganz und gar untergegangen? Außerdem hatte er einen Berg von Papier hinterlassen, den man sofort abtragen konnte. Gemeint ist der archivalische Nachlass der DDR, der sofort und so vollständig zugänglich war, wie es dies in der Geschichte kein zweites Mal gegeben hat – jedenfalls nicht nach der NS-Zeit, denn die nationalsozialistischen Akten blieben lange Zeit gesperrt und sind auch heute noch nicht ganz und nicht allen Interessierten ohne Weiteres zugänglich.

Dagegen waren die Archive der DDR schon zu einem Zeitpunkt offen oder wurden schlicht aufgeschlossen, als die dafür notwendigen gesetzlichen Regelungen noch gar nicht erlassen waren. Es herrschte eine Art Goldgräberstimmung, zumindest für Historiker, die sich, ausgestattet mit Geld und Kopierern, in die Archive begaben, um das vermeintliche Gold, sprich jegliche schnell verwertbare Sensationen auszugraben und auf den Buchmarkt zu werfen. Darunter befanden sich viele Schnellschüsse, in denen mehr Anklage als Analyse zu finden war, weshalb die entsprechenden Publikationen auch rasch wieder vom Markt verschwanden. Generell kam es zu einer Übersättigung des Buchmarkts an Erzeugnissen der neuen DDR-Forschung, besser: der Publizistik. Folge war die Produktion von noch sensationelleren Enthüllungsberichten über und noch radikaleren Anklagen gegen die untergegangene und jetzt wieder als totalitär bezeichnete DDR.[130]

Dabei zeichneten sich vor allem einige ehemalige Bürgerrechtler aus, die ihre mangelnde fachliche Kompetenz durch einen umso größeren Anklageeifer ausglichen, wodurch sie gleichzeitig ihre eigenen oppositionellen Taten verherrlichen konnten.[131] Denn je schlimmer und totalitärer die DDR war oder gewesen sein sollte, umso besser und mutiger war oder sollte ihr Widerstand gewesen sein.[132] Dabei wurden bereits Parallelen mit dem Widerstand im NS-Staat gezogen, der bisher beinahe dem Holocaust gleich als singulär gegolten hatte.[133]

Diejenigen DDR-Bürger, die nicht opponiert hatten und nicht im Widerstand waren, und das waren sicherlich die meisten, konnten dagegen ihre Passivität und Folgebereitschaft mit der Behauptung rechtfertigen, dass man eben nichts habe tun können, weil die DDR derart ungeheuerlich und totalitär gewesen war. Viele, keineswegs alle, wollten plötzlich Opfer dieser »zweiten deutschen Diktatur« gewesen sein.[134]

Noch wichtiger und folgenreicher war jedoch der Aufrechnungseifer derjenigen Westdeutschen, die damit von ihrem vorherigen Desinteresse an der DDR ablenken wollten, das wie erwähnt nicht selten mit einer völlig unbegründeten Wertschätzung verbunden gewesen war. Von ihr hatte nicht zuletzt auch Erich Honecker profitieren können, vor dem man in Bonn und anderswo reale und gewissermaßen symbolische rote Teppiche ausgerollt hatte.

Schließlich ist noch ein anderes wichtiges, aber häufig übersehenes Moment zu nennen: das Bestreben, die bei der »Bewältigung« der nationalsozialistischen Vergangenheit begangenen Fehler nicht zu wiederholen und es »dieses Mal« besser zu machen.[135] Diesem auch bei einigen westdeutschen Linken oder Exlinken anzutreffende Bestreben wohnte aber selbst ein Fehler inne – die leichtfertige und kaum begründete Gleichsetzung von DDR und Drittem Reich, was, wie schon mehrfach erwähnt, wiederum der Dämonisierung der DDR einerseits und der »vergleichenden Verharmlosung« des Dritten Reiches auf der anderen Seite gleichkam.[136]

In direktem Zusammenhang stand diese Entwicklung mit

der ebenfalls in den 1990er-Jahren betriebenen direkten Relativierung der Schrecken des Dritten Reiches durch seine Modernisierung, sprich die Hervorhebung seiner angeblich modernen und damit eo ipso positiven Aspekte im Bereich der Sozial- und selbst der Familienpolitik.[137] Zu dieser direkten kam die indirekte Relativierung des Dritten Reiches durch Vergleiche mit der DDR, die auch von einigen neurechten NS-Historikern betrieben wurde,[138] was zumeist vom Großteil der seriösen NS-Historiker scharf kritisiert und zurückgewiesen wurde. Die NS-Historiker haben sich mit vereinzelten Ausnahmen nicht an der indirekten Relativierung des Dritten Reiches durch die vergleichende Dämonisierung der DDR beteiligt. Einige, zu nennen ist vor allem Eberhard Jäckel,[139] haben die DDR-Drittes-Reich-Vergleiche sogar scharf abgelehnt.

Mit dabei war wiederum Ernst Nolte, der in einem *FAZ*-Artikel einige aufrechnende Vergleiche nicht mehr nur zwischen der Sowjetunion und dem Dritten Reich, sondern auch zwischen der DDR und dem Dritten Reich anstellte,[140] was allerdings keinen neuen Historikerstreit hervorrief. Im Gegenteil. Nolte fand damit zumindest schweigende Zustimmung – auch bei seinem Hauptopponenten im Historikerstreit, Jürgen Habermas, der sich nun auf einmal positiv zur Notwendigkeit der »Aufarbeitung« der »doppelten Vergangenheit« äußerte, womit die des Dritten Reiches und der DDR gemeint war.[141] So gesehen hatte auch Nolte mit seiner Verteidigung und Radikalisierung der Totalitarismustheorie einen »stillen Sieg« errungen – und letztlich den Historikerstreit gewonnen. Doch dies ist von der Öffentlichkeit und von Noltes ehemaligen Kritikern kaum noch bemerkt und noch weniger eingeräumt worden. Dabei zeichnete sich der über die neue Deutung der DDR ausgefochtene Streit der Politologen durch eine weit geringere Qualität als der vorherige Historikerstreit aus. Oft handelte es sich um reine Polemiken und publizistische Schnellschüsse.[142]

Aufrichtig ernst zu nehmen waren einige Vergleiche, die auf zwei Ebenen geführt wurden. Zunächst auf der allgemeinen, worunter zu verstehen ist, was Günther Heydemann und Detlev Schmiechen-Ackermann den »ganzheitlichen, integralen Makrovergleich« nennen, durch den man »beide diktatorischen Herrschaftssysteme in ihrer Gesamtheit mit ihren strukturellen Hauptmerkmalen, eventuellen Gemeinsamkeiten sowie spezifischen Unterschieden zu erfassen sucht«.[143] Was gut und vor allem wissenschaftlich klingt, weil kaum verständlich, ist leider bisher kaum unternommen worden. Wahrhaftig umfassende Vergleiche der beiden Herrschaftssysteme und der Biografien beider Herrscher, wie sie von Richard Overy über das Dritte Reich und die Sowjetunion sowie von Alan Bullock über Hitler und Stalin vorgelegt wurden,[144] liegen bezeichnenderweise weder über die DDR und das Dritte Reich noch gar über Hitler und Honecker vor.

Auf der zweiten Ebene hat sich der sogenannte Diktaturvergleich stattdessen auf »sektorale Mikrovergleiche« konzentriert. Dabei werden sowohl verschiedene Politikfelder – z. B. »Machtergreifung« und »Öffentlichkeit« – und Institutionen – Parteien und Terrorapparate, wie der jeweilige »Herrschaftsalltag« (dazu wird unter anderem auch die entsprechende Selbstmordrate gezählt) – miteinander verglichen. Gerade diese sogenannten Mikrovergleiche sind äußerst problematisch und das aus mehreren Gründen. Zuallererst wird gerade hierbei von dem völlig unterschiedlichen Raum- und Zeitkontext sowie von Krieg und Völkermord abstrahiert und muss abstrahiert werden, was weder möglich noch statthaft ist. Zum anderen standen die jeweiligen Politikfelder in einem ganz anderen Kontext. Beispiel Widerstand: Ihn hat es in beiden Diktaturen unzweifelhaft gegeben, aber in völlig anderer Form und mit völlig anderen Ergebnissen. Schließlich ist drittens vor einer vergleichenden Einbeziehung des jeweiligen Alltags deshalb zu warnen, weil hier zu viel Vergleichbares gefunden und dadurch die Besonderheit beider Diktaturen verwischt würde.

Was sagt oder soll denn die jeweilige Selbstmordrate aussagen, wenn unklar ist und nicht in Erfahrung gebracht werden kann, warum sich die Menschen umgebracht haben. Selbstmord aus Liebeskummer zum Beispiel hat es nicht erst seit

Goethes *Werther* immer und überall gegeben. Nichts gegen Alltagsgeschichte an sich, doch gerade die des NS-Alltags hat doch gezeigt, wie leichtfertig und vehement dabei die relativierende Sicht der Zeitgenossen übernommen werden kann, die bekanntlich häufig nichts getan und von nichts gewusst haben wollen. So etwa vom Holocaust, der weit »im Osten« stattfand. Und wenn es in dem entsprechenden Dorf oder der Stadt keine Juden (mehr) gab, dann konnte man natürlich auch wenig von ihrer Verfolgung hören und sehen.

Andererseits kann die Betonung, dass es eben auch in der DDR einen Alltag gab, zu einer Verharmlosung ihres diktatorischen Charakters führen. Diese Diktatur hatte sicherlich »Grenzen«,[145] und es gab keine völlig »durchherrschte« Gesellschaft,[146] dennoch erfasste der Terror grundsätzlich jeden und fast an jedem Ort. In dieser Hinsicht haben die vor allem vom Forschungsverbund SED-Staat vertretenen Hardliner unter den neuen DDR-Forschern nicht ganz so unrecht, die gegenüber den sozialgeschichtlich orientierten Historikern vom Potsdamer Zentrum für Zeithistorische Forschung einen eher politikgeschichtlichen Ansatz vertreten.

Die Fronten sind aber keineswegs so klar, wie sie auf den ersten Blick erscheinen, halten doch auch die Historiker vom Potsdamer Institut, das jetzt von Martin Sabrow geleitet wird, an ihrer Konzeption eines Diktaturvergleichs fest, der auch die DDR umfasst und weiter umfassen soll. Andererseits lehnen die meisten von ihnen[147] die von den Hardlinern vertretene Anwendung der Totalitarismustheorie auf die DDR ab – mit gutem Grund, ist doch keine der bisher entwickelten Totalitarismustheorien auf die DDR anwendbar,[148] schon gar nicht die von Hannah Arendt, denn die hat die DDR ausdrücklich nicht als totalitär charakterisiert (s. o.). Das hat aber das Dresdener Institut für Totalitarismusforschung, das ebenfalls Vergleiche zwischen der »totalitären« DDR und dem Dritten Reich zieht, nicht gehindert, sich nach Hannah Arendt zu benennen.

Dennoch und obwohl die Charakterisierung der DDR als totalitär innerhalb der Forschung umstritten war und nach wie vor ist, hat sie sich in Politik und Öffentlichkeit weitgehend durchgesetzt. Davon zeugen sowohl Ausdrücke wie »zweite deutsche Diktatur«, »SED-Staat«, »totalitär« etc. wie auch dezidierte und gewissermaßen schleichende Vergleiche zwischen der nationalsozialistischen und der realsozialistischen Diktatur.

Sie findet man besonders häufig in Gedenkreden und -artikeln zu unserem »Schicksalstag«,[149] dem 9. November. Der historische Zufall, dass an diesem Tag mehrere Ereignisse der neueren deutschen Geschichte stattgefunden haben, wird dann zum Anlass genommen, um nach irgendwelchen »Parallelen« zu suchen. So vor allem wiederum zwischen den »beiden Diktaturen«. »Ohne sie«, wie man pflichtschuldig versichert, »gleichsetzen zu wollen«, wird dann doch wieder die »Parallele« in der »Verfolgung einer Minderheit«, sei es einer »ethnischen« oder einer »sozialen«, gesehen. Dieser Vergleich von Juden und irgendwelchen und noch nicht einmal genau bestimmten »Opfern« der »zweiten deutschen Diktatur« ist abstoßend und widerlich.

Ebenso abstoßend sind jedoch auch die Bekundungen einiger ehemaligen DDR-Bürger, die sich gegen die vergleichende Dämonisierung ihres Staates mit der Behauptung wehren, es sei »alles nicht so schlimm« gewesen, weil die DDR eben »auch gute Seiten« gehabt habe. Derartige bestenfalls törichte Bemerkungen sind schließlich wiederum Wasser auf die Mühlen derjenigen, welche die DDR verteufeln und ein abschreckendes Bild von ihr in der Öffentlichkeit propagieren.

Beides – totale Verdammung wie zunehmende Verklärung – ist historisch nicht nur falsch, sondern politisch auch gefährlich, denn wer seine Geschichte nicht richtig kennt, kann auch nichts Richtiges daraus lernen. Dennoch kann man es versuchen. In den folgenden beiden Diskursen über die Deutung und Bewertung der sowjetischen Speziallager hier und der Stasi dort ist ein Versuch unternommen worden, handelte es sich ähnlich wie bei dem über die Deutung der DDR insgesamt noch um kontroverse und ergebnisoffene Diskurse.

2.3 »Sowjetische Konzentrationslager auf deutschem Boden«?

Die sowjetischen Konzentrationslager auf deutschem Boden hieß der Titel einer Broschüre, die 1952 von der Kampfgruppe gegen Unmenschlichkeit (KgU) herausgegeben wurde.[150] Diese KgU verstand sich ernsthaft als Widerstands- bzw. Kampfgruppe. Haben ihre Mitglieder doch nicht nur Spionage betrieben, sondern auch einige Sabotageakte in der damaligen Sowjetischen Besatzungszone (SBZ) und dann in der DDR durchgeführt.[151] Zu diesen, man kann es ruhig so sagen, terroristischen kamen propagandistische Aktivitäten hinzu. Dabei wurde die KgU sowohl von der Bundesrepublik als auch von den Westmächten politisch und finanziell unterstützt. Im Zeichen und in der Zeit des Kalten Krieges war dies nicht ungewöhnlich. Ungewöhnlich war jedoch die Schärfe der antikommunistischen Angriffe der KgU, die mehr als einmal die gerade entstandene DDR mit dem untergegangenen Dritten Reich verglich. Das wurde im Osten damals als unerhörte Provokation aufgefasst und im Westen zumindest als Tabubruch empfunden.

Doch was die »sowjetischen Konzentrationslager« angeht, wurde dieser frühe Vergleich zwischen DDR und Drittem Reich an einem mehr als untauglichen Objekt durchgeführt.[152] Vor allem unterstanden diese Lager nicht den Behörden der SBZ bzw. DDR, sondern ausschließlich der Jurisdiktion der sowjetischen Besatzungsmacht. Zum anderen handelte es sich keineswegs um Konzentrationslager, in denen Gegner und Opfer des Nationalsozialismus inhaftiert waren, sondern um Lager, in denen nicht ausschließlich, aber vornehmlich ehemalige Nationalsozialisten interniert waren. Schließlich ist drittens darauf hinzuweisen, dass es derartige Internierungslager auch in den westlichen Besatzungszonen gegeben hat.[153] Vom Westen, genauer gesagt von den USA ist auch die Initiative zur Errichtung dieser Lager ausgegangen, die im Osten

»spezlager« (=Speziallager) hießen. Die amerikanische Administration hatte bereits Ende 1944 Pläne und Vorschriften für die
künftige Inhaftierung von solcherlei Deutschen entwickelt, die
Verbrechen begangen hatten oder künftig ein Sicherheitsrisiko
darstellten. Der Kreis derjenigen, die in »automatischen Arrest«
genommen werden sollten, war zunächst sehr weit. Umfasste
er doch neben tatsächlichen Kriegsverbrechern und höheren
NS-Funktionären auch weitere Personen, die bedeutendere
Ämter in Partei, Staat und Wirtschaft des Dritten Reiches in-
negehabt hatten.

Von diesen Plänen wurde bereits Ende 1944 der sowjetische
Kriegspartner informiert, der sich zu diesem Zeitpunkt noch
keine derartigen Gedanken gemacht hatte. Dies hinderte die
vorrückenden sowjetischen Truppen jedoch nicht daran, neben Kriegsgefangenen auch Zivilisten in die Sowjetunion zu
verschleppen, wo sie beim Wiederaufbau des von den deutschen Truppen weitgehend zerstörten Landes mitwirken sollten. Derartiges war zwar auch von den Amerikanern erwogen,
letztlich aber doch verworfen worden, weil man sich darauf
konzentrierte, ebenso gefährliche wie belastete Personen zu
internieren, um sie auf diese Weise unschädlich machen und
»umerziehen« zu können.

Dieser amerikanischen Idee schloss sich auch der sowjetische Geheimdienstchef Berija an, der am 18. April 1945 die
weitere zwangsweise Aushebung von deutschen Arbeitsskla-
ven untersagte und stattdessen anordnete, Mitglieder der NS-
DAP und anderer nationalsozialistischer »Terrororgane« sowie
sonstige »Spione, Diversanten und Terroristen« in eigens zu
diesem Zweck geschaffene Lager innerhalb der Sowjetischen
Besatzungszone zu internieren. Angehörige der SS, einschließlich der Wachmannschaften der Konzentrationslager wurden
dagegen zusammen mit gefangenen Soldaten in die Sowjetunion verbracht. Damit gab die Sowjetunion zu erkennen,
dass sie keineswegs ausschließlich an einer, wie auch immer ge-
arteten, Entnazifizierung interessiert war. Nach wie vor über-
wog das Bestreben, so viele Reparationsleistungen wie möglich

aus Deutschland herauszuholen. Dazu wurden auch die zur Zwangsarbeit eingesetzten deutschen Soldaten und Angehörigen der SS gezählt.

Diese ökonomische Zielsetzung fehlte bei den Amerikanern zur Gänze. Die Häftlinge in den amerikanischen Internierungslagern wurden allenfalls in der amerikanischen Zone und damit in Deutschland zu Aufbauleistungen herangezogen. Auch das ursprüngliche Sicherungsmotiv verlor an Bedeutung, weil die befürchteten und erwarteten Werwolf- und Widerstandsaktionen ausblieben. Es blieb die Absicht, die im Zuge des geschilderten umfassenden Arrestprogramms einmal Inhaftierten daraufhin zu überprüfen, ob sie schwer belastet waren oder gar Kriegsverbrechen begangen hatten. War dies der Fall, wurden die Betroffenen den Gerichten zur Aburteilung übergeben. Die übrigen wurden in den Entnazifizierungsprozess[154] eingereiht oder völlig freigesetzt. Diese Sichtung und Siebung der Internierten wurde in der amerikanischen Zone so zügig durchgeführt, dass bereits Mitte 1946 die Hälfte der ein Jahr zuvor Verhafteten wieder entlassen waren.

In der sowjetischen Besatzungszone war dies nicht der Fall. Hier waren zwar zunächst keineswegs mehr, sondern prozentual zur Bevölkerung der gesamten sowjetischen Besatzungszone sogar weniger Personen inhaftiert worden,[155] doch kaum einer von ihnen wurde entlassen – aus sowjetischer Sicht keine Ungewöhnlichkeit. Die oft jahrelange Inhaftierung von Personen ohne richterliche Überprüfung gehörte hier gewissermaßen zum Alltag. Hinzu kam, dass es offensichtlich Meinungsverschiedenheiten zwischen der Sowjetischen Militäradministration in Deutschland (SMAD) und den Moskauer Zentralstellen über die Interniertenfrage gab. Während sich die SMAD für eine Entnazifizierungspolitik nach amerikanischem Muster einsetzte, sah Moskau in den Internierten potenzielle Zwangsarbeiter, die möglichst bald in die Sowjetunion gebracht werden sollten. Doch schließlich wurden im September von den über 60 000 Internierten ganze 4579 in die Sowjetunion deportiert, weil die Übrigen als nicht arbeitsfähig eingestuft worden waren.

Maßgebend dafür war zum einen das relativ hohe Alter der Inhaftierten – drei Viertel von ihnen waren über 40 Jahre alt –, was damit zusammenhing, dass die sowjetischen Behörden bei ihren doch sehr willkürlichen Verhaftungsaktionen im Jahr 1945 im Wesentlichen nur auf diesen Personenkreis stieß, weil alle jüngeren Männer zur Wehrmacht und SS eingezogen worden waren und inzwischen in Kriegsgefangenenlagern saßen. Noch wichtiger war die Hungerkatastrophe des Winters 1946/47, die letztlich dazu führte, dass über ein Drittel aller Internierten, insgesamt 43 000 Personen, an Hunger und Krankheit starben. Diese hohe Sterblichkeitsrate unterscheidet die sowjetischen Speziallager vor allem von den westlichen Internierungslagern. Doch wie konnte es dazu kommen?

Nach heutigem Wissensstand war das Massensterben in den sowjetischen Speziallagern nicht intendiert. Es begann damit, dass im Sommer 1946 in der Sowjetunion eine Dürre herrschte, die zu einer wesentlichen Verminderung der erwarteten Ernteerträge führte, weshalb die Sowjetunion keine Möglichkeit hatte, Lebensmittel in ihre Zone senden zu können. Die Landwirtschaft in der SBZ dagegen war nicht in der Lage, diese Verluste auszugleichen, zumal sie sich gerade zu diesem Zeitpunkt in einem Umstrukturierungsprozess befand, weil die großen Güter im Zuge der sogenannten »demokratisch antifaschistischen Bodenreform« in Kleinbauernstellen aufgeteilt wurden.

Darüber hinaus weigerten sich die Amerikaner endgültig, die sowjetischen Reparationswünsche aus ihrer Zone heraus zu befriedigen, weil dies den amerikanischen Steuerzahler belastet hätte, der ohnehin schon für die Ernährung der Bewohner der Westzonen mit aufkommen musste.[156] Das letzte und schließlich auch folgenreichste Moment war der außergewöhnlich strenge Winter des Jahres 1946/47. Die Internierten, deren Brotration auf 300 Gramm täglich gekürzt wurde und die so gut wie kein Fleisch und Gemüse bekamen, hungerten und waren der Kälte schutzlos ausgeliefert. Da auch die medizinische Versorgung gänzlich unzureichend war, starben sie zu Tausenden. Auch nachdem sich die Versorgungslage im Sommer 1947 leicht verbesserte, setzte sich das Massensterben fort.

Dennoch weigerten sich die sowjetischen Behörden weiterhin, ihre Internierten zu entnazifizieren oder gar zu entlassen. Im Gegenteil, denn inzwischen waren auch solche Personen in die Speziallager gebracht worden, die von den Tribunalen der Sowjetischen Militäradministration aufgrund von Urteilen, die rechtsstaatlichen Verfahren Hohn sprachen, wegen »Spionage«, »Diversifikation« und sonstiger »antisowjetischer« Tätigkeit zu in der Regel äußerst langen Freiheitsstrafen verurteilt worden waren.[157]

Erst Mitte 1948 wurden die ersten Entlassungen vorgenommen. Ironischerweise geschah dies zu einem Zeitpunkt, da die Speziallager formal in das berüchtigte Gulag-System eingegliedert wurden. Bis auf diejenigen Personen, die von sowjetischen und ostdeutschen Sondergerichten in rechtlich äußerst dubiosen Schnellverfahren wegen Kriegsverbrechen verurteilt wurden, kamen alle Übrigen bis 1950 frei. Gleichzeitig wurden auch alle noch bestehenden »Speziallager« aufgelöst, ihre Spuren verwischt. Sofern sie sich wie Buchenwald und Sachsenhausen auf dem Gelände ehemaliger Konzentrationslager befanden, wurden auch deren Überreste fast vollständig beseitigt. An ihrer Stelle ließ die DDR die Nationalen Mahn- und Gedenkstätten errichten, die ausschließlich an die Zeit der nationalsozialistischen Konzentrationslager erinnerten.[158] Ihre zwischenzeitliche Umfunktionierung zu sowjetischen Speziallagern wurde verschwiegen.

Dies war vermutlich ein Fehler. Wurde doch im Westen die Kampagne gegen die »sowjetischen Konzentrationslager« fortgesetzt. Jetzt keineswegs mehr nur von der KgU, sondern auch von anderen Propagandaorganisationen wie dem Ostbüro der SPD[159] und dem Untersuchungsausschuss freiheitlicher Juristen[160] und verschiedenen staatlichen Stellen. Die ganz der Totalitarismusdoktrin verpflichtete Kampagne ging jedoch mit dem Abflauen des Kalten Krieges zurück. Das ließ einige rechtsradikale Verlage aber nicht davon abhalten, weitere Schriften und Erinnerungsberichte über die »stalinistischen Todeslager in Deutschland« herauszubringen.[161] Doch sie riefen wenig Aufmerksamkeit hervor und stießen zudem auf Kritik, war doch allzu deutlich, dass sie keineswegs mehr nur antikommunistischen, sondern zugleich auch revisionistischen Zielen dienten: der Verharmlosung der Verbrechen des Dritten Reiches, die bis zur versteckten und offenen Leugnung ging. All das führte dazu, dass die Speziallager aus dem öffentlichen Diskurs verschwanden. Im Osten durfte und im Westen wollte man nicht mehr über sie reden.

Mit und wegen des Untergangs der DDR änderte sich dies hingegen schlagartig. Alte und neue Erinnerungsberichte und sonstige schnell gestrickte Publikationen wurden auf den Markt geworfen.[162] Sie fanden zunächst ein großes öffentliches Interesse. Beigetragen dazu hatten auch neu entdeckte Gräberfelder in und in der Umgebung der ehemaligen Speziallager. Über sie wurde in den Medien häufig, aber meist nicht seriös und obendrein ausgesprochen reißerisch berichtet.[163] Ehemalige Häftlinge der Speziallager nutzten dieses neu erwachte öffentliche Interesse aus und gründeten Interessenverbände und revitalisierten schon bestehende.[164] Lautstark forderten sie eine finanzielle Entschädigung, die mindestens so hoch sein sollte wie die, welche die KZ-Häftlinge erhalten hatten. Begründet wurde das mit der Behauptung, sie hätten schließlich genauso, wenn nicht noch mehr unter dem Kommunismus gelitten wie die Opfer des Faschismus.

Um dieser auch finanziell motivierten Vergleichsthese Nachdruck zu verschaffen, wurde ferner die Errichtung von Denkmälern und Gedenkstätten gefordert, welche diejenigen ergänzen oder gar ersetzen sollten, die für die Opfer des Faschismus errichtet worden waren. Einige Aktivisten warteten die Entscheidungen der zuständigen staatlichen Stellen gar nicht erst ab und griffen zur Selbsthilfe. Gemeinsam mit anderen ehemaligen Leidensgefährten und deren Angehörigen sowie sonstigen Interessierten pilgerten sie zu den KZ-Gedenkstätten Buchenwald und Sachsenhausen, um dort Kreuze zu errichten und Grabmäler anzulegen,[165] auf denen in bewegten Worten der »Opfer der stalinistischen Willkür« gedacht wurde.[166] Dabei wurden teilweise auch solche Personen geehrt, die sich, wie etwa der frühere NS-Bürgermeister von Weimar, nachweislich an den Verbrechen der Nationalsozialisten beteiligt hatten.

Diese gelinde gesagt sonderlichen Aktivitäten wurden zunächst zumindest von den staatlichen Stellen geduldet und stießen auch in der Öffentlichkeit auf wenig Kritik. Hier schien sich die damals durch nichts bewiesene Gleichsetzungsthese von KZ und Speziallager durchgesetzt zu haben. Dafür hatte schon das Geschrei der rechten und ganz rechten Medien gesorgt, die nicht müde wurden, die Gräueltaten der Kommunisten in den »sowjetischen Konzentrationslagern« in den schrecklichsten Farben darzustellen.

Doch jetzt meldeten sich die Überlebenden der Konzentrationslager zu Wort. Sie beharrten darauf, dass die Konzentrationslager Stätten ihres und nur ihres Leidens und Kämpfens gewesen seien, weshalb die an ihrer Stelle errichteten antifaschistischen nicht einfach zu antikommunistischen Gedenkstätten umfunktioniert werden dürften. Dabei konnten sie auf internationale Verträge verweisen, die auf Druck der Verbände von KZ-Häftlingen zustande gekommen waren und in denen sich die Bundesrepublik verpflichtet hatte, die KZ-Gedenkstätten zu bewahren und zu schützen.

In diesen Verträgen sowie in den Publikationen der nationalen und internationalen Verbände der KZ-Häftlinge war jedoch die Tatsache, dass Konzentrationslager wie Buchenwald und Sachsenhausen zu Speziallagern umfunktioniert worden waren, niemals erwähnt worden. Deren Existenz konnte man nun aber nicht mehr leugnen, relativierte sie dennoch mit der empirisch ebenfalls nicht belegten Behauptung, in den Speziallagern seien ausschließlich Faschisten inhaftiert gewesen.[167] Wer das Gegenteil behaupte, sei ebenfalls ein Faschist oder zumindest ein Revisionist, hieß es. Gegen dieses Verdikt wehrten sich die Funktionäre der Speziallager-Häftlingsverbände mit dem Statement, die Mitglieder der KZ-Häftlingsverbände seien samt und sonders Kommunisten. Durch diese wechselseitigen Anschuldigungen wurde eine durchaus denkbare Zusammenarbeit der beiden Häftlingsverbände, deren Angehörige an gleicher Stelle, aber in unterschiedlichen Lagern gelitten hatten, verhindert. Sie ist bis heute nicht erreicht worden und wird es wohl auch nicht mehr werden, weil es immer weniger Überlebende beider Lager gibt.

Der Erinnerungsstreit der Opfer wurde nicht geschlichtet, machte aber gerade deshalb das geschichtspolitische Eingreifen des Staates notwendig. Das betraf vor allem Buchenwald und Sachsenhausen. Hier hatte es nicht nur sowohl ein Konzentrations- wie ein Speziallager gegeben, hier waren in der DDR-Zeit auch Nationale Mahn- und Gedenkstätten errichtet worden, in denen sich die DDR als »erster antifaschistischer Staat auf deutschem Boden« gefeiert hatte. Dies hatte wiederum dazu geführt, dass in den dortigen Ausstellungen und Mahnmalen das Leid und noch mehr der Kampf der kommunistischen Häftlinge einseitig herausgehoben und allzu sehr hochgehalten worden war. Das konnte so nicht stehen gelassen werden. Notwendig waren neben einigen inhaltlichen Korrekturen vor allem die stärkere Berücksichtigung der anderen Häftlingsgruppen, insbesondere der Juden und der Sinti und Roma. Außerdem konnte die Existenz der Speziallager nicht einfach mehr geleugnet werden. Die Frage war nur, wie ein solches Unterfangen ohne aufrechnende Vergleiche und wechselseitige Trivialisierungen und in welcher angemessenen Gedenkform geschehen sollte.

Für die Neugestaltung der, wie sie jetzt schlicht bezeichnet wurde, Gedenkstätte Buchenwald setzte die zuständige thüringische Landesregierung eine Historikerkommission (sie wurde anschließend in ein Kuratorium umgewandelt) ein, die bindende Empfehlungen ausarbeitete. Ihr Kernsatz war die strikte geschichts- und erinnerungspolitische Trennung von Konzentrations- und Speziallager. Diese geschichts- und erinnerungspolitische Entscheidung wurde aber nicht einfach dekretiert, sondern auch geschichtswissenschaftlich bewiesen.

Einer von der Historikerkommission bzw. dann vom Kuratorium für die thüringischen Gedenkstätten damit beauftragten Gruppe von Historikern gelang es in bemerkenswert kurzer Zeit, die Grundzüge der Geschichte des Speziallagers Buchenwald zu erforschen.[168] Vorrangig möglich wurde das durch das kooperative Verhalten der russischen Stellen, welche die – vollständig erhaltenen – sowjetischen Akten herausgaben. Durch ihre Analyse konnte das Bild, das bisher ausschließlich von den ehemaligen Häftlingen gezeichnet worden war, wesentlich erweitert und auch in weiten Teilen korrigiert werden. Das Ergebnis der Forschungen zu Buchenwald, das dann auch durch weitere Forschungen zu weiteren Speziallagern bestätigt wurde, war klar und eindeutig: Die Unterschiede waren größer als die Gemeinsamkeiten. Dadurch wurde zugleich die erwähnte gedenk- und geschichtspolitische Entscheidung, Geschichte und Gedenken von Konzentrations- und Speziallager Buchenwald grundsätzlich zu trennen, bestätigt.

Diese Entscheidungen und geschichtswissenschaftlichen Ergebnisse wurden bei der Neugestaltung der Gedenkstätte Buchenwald berücksichtigt und zügig umgesetzt. Die Besonderheit und Eigenständigkeit des Konzentrationslagers wird in einer neuen, schon 1995 eröffneten Ausstellung betont, in der nur die Geschichte des Konzentrationslagers Buchenwald dargestellt wird. Die Geschichte des Speziallagers, und zwar wiederum nur des Speziallagers, wird in einer weiteren Ausstellung in einem extra zu diesem Zweck errichteten neuen Gebäude gezeigt. Eine dritte kleinere Ausstellung widmet sich der Geschichte der Nationalen Mahn- und Gedenkstätte Buchenwald, die sich unmittelbar neben dem monumentalen Buchenwald-Denkmal befindet, das zu DDR-Zeiten errichtet worden ist. Damit werden die, wenn man will, drei Geschichten Buchenwalds – KZ, Speziallager, DDR-Denkmal – erzählt und dargestellt, getrennt voneinander.

Die Umgestaltung Buchenwalds war von einer heftigen öffentlichen Debatte begleitet. Geführt wurde sie einmal von den jeweiligen Opferverbänden, die sich heftige öffentliche Schlagabtausche lieferten, die wiederum von den Medien kommentiert und kritisiert wurden. Die Medien andererseits, zunächst die nationalen und dann selbst die internationalen, später jedoch nur noch die thüringischen, griffen auch selbsttätig in die Buchenwald-Debatte ein. Deren Berichterstattungen und Kommentare riefen ihrerseits sowohl Protest wie Zustimmung unter der Bevölkerung hervor.

Kaum eine andere Debatte hat zumindest die thüringische Öffentlichkeit nach der Wende so bewegt wie der Streit um Buchenwald. Geführt wurde er nicht nur, aber fast ausschließlich unter Ostdeutschen bzw. unter Bürgern der ehemaligen DDR, die hier bewiesen, was ihnen sonst (zumindest von vielen Wessis) immer abgesprochen wird – den Willen und die Fähigkeit zur öffentlichen Debatte. Dabei waren die Fronten alles andere als klar. Befürworter wie Gegner der Gleichsetzungs- wie der Trennungsthese von KZ und Speziallager gab es in allen parteipolitischen Lagern und sowohl unter Wessis als auch unter Ossis. Dennoch und obwohl es nicht selten zu äußerst heftigen, ja ehrenrührigen Angriffen gegen die neue Gedenkstättenleitung und die Mitglieder des federführenden Kuratoriums kam, setzte sich schließlich, so kann festgestellt werden, die Vernunft durch.

Die Neugestaltung Buchenwalds wurde akzeptiert und wird inzwischen auch als gelungen begriffen. Davon zeugt nicht zuletzt die ständig steigende Zahl der Besucher aus dem In- und Ausland, die sich überwiegend positiv äußern. Kritischer und zum Teil auch verständnislos steht man der erwähnten erinnerungspolitischen Trennung von KZ und Speziallager gegenüber. Anstoß genommen wird vor allem an der Tatsache, dass den Opfern des Speziallagers durch das Aufstellen von mannshohen Aluminiumstelen, die sich zu Hunderten in dem an den Lagerzaun grenzenden Wald befinden, besser oder zumindest in hervorragender Form und Gestalt gedacht wird als den Opfern des KZ.[169] Andererseits ist gerade für Letztere durch weitere und neue Denkmäler wie die für die Juden, Sinti und Roma und die Opfer des sogenannten Kleinen Lagers, das in der DDR-Zeit noch nicht einmal zugänglich war, zusätzliches Gedenken ermöglicht worden.

Weniger gelungen scheint die Umgestaltung Sachsenhausens zu sein. Sie erfolgte später und nach anderen Grundsätzen (und ist bis heute keineswegs abgeschlossen), hatte sich doch schon eine Anfang der 1990er-Jahre eingesetzte Expertengruppe dafür ausgesprochen, Konzentrations- und Speziallager im Zusammenhang zu sehen und dies entsprechend bei der Umgestaltung der Gedenkstätte Sachsenhausen zu berücksichtigen.[170] In der Öffentlichkeit rief es aber bei Weitem nicht so viel Aufmerksamkeit und Kritik hervor wie die gegenteilige Meinung und Entscheidung der Historikerkommission für Buchenwald. Auch die weitere, bis heute nicht beendete Umgestaltung Sachsenhausens stand stets im Schatten des Buchenwald-Streits.

Verwunderlich ist das allemal, ist doch das geschichts- und erinnerungspolitische Grundprinzip, das in Sachsenhausen verwirklicht wird, durchaus der Kritik würdig. Es basiert auf der grundsätzlichen Trennung der einzelnen Opfergruppen, derer nicht nur in eigenen Denkmälern, sondern auch eigenen Ausstellungen gedacht wurde. Eine dieser neuen Ausstellungen ist dem Gedenken an die jüdischen KZ-Häftlinge gewidmet, eine andere dem der Opfer des Speziallagers. Dies geschieht zwar in getrennten Gebäuden, aber in ähnlicher Form, da jeweils die Täter und Opfer gezeigt und ihre Taten und Leiden dokumentiert werden.

In der Ausstellung über die jüdischen KZ-Häftlinge sind die Täter Deutsche, die Opfer Juden. In der Speziallager-Ausstellung sind die Täter Sowjets, die Opfer dagegen Deutsche. Dies allerdings wird der historischen Realität nicht ganz gerecht, denn schließlich waren keineswegs alle Insassen des Speziallagers nur und noch dazu unschuldige Opfer,[171] was bei den Besuchern so auch einige Irritationen hervorruft. Im Gästebuch der Speziallager-Ausstellung ist die Eintragung eines Besuchers zu lesen, der sich mit bewegten Worten über die schrecklichen Taten der »schlimmen Nazis« beklagte.

Uneingeschränkt positiv ist die eindeutige Hervorhebung

des Konzentrationslagers Sachsenhausen und seiner Opfer, denen durch die vorzügliche Umgestaltung der sogenannten »Station Z« in äußerst eindrucksvoller Weise gedacht wird. Außerdem findet man nirgends und auch nicht in der Speziallager-Ausstellung eine dezidierte Gleichsetzung von KZ und Speziallager. Beide Lager werden so genannt, wie sie geheißen haben. Den Begriff »sowjetisches Konzentrationslager auf deutschem Boden« sucht man auch in der neu gestalteten Gedenkstätte Sachsenhausen vergebens.

In der Öffentlichkeit tickt nach wie vor eine andere Uhr. Die Charakterisierung der Speziallager als »sowjetische« oder schlicht als »Konzentrationslager« ist hier gang und gäbe. Für diese falsche Begrifflichkeit sind nicht allein Rechtsradikale verantwortlich, die zahlreiche Publikationen in weiteren rechtsradikalen Verlagen über die »sowjetischen KZs in der DDR« veröffentlichten,[172] sondern auch Pfarrer oder Expfarrer wie Ehrhart Neubert und Joachim Gauck, die wider besseren Wissens die Speziallager als Konzentrationslager bezeichnen, die nach dem »Vorbild« der »Stalinschen Todes- und Vernichtungslager« errichtet worden seien.[173] Ähnliche Entgleisungen leisteten sich auch der Althistoriker Wolfgang Schuller und der inzwischen verstorbene Osteuropahistoriker Alexander Fischer.[174]

Die richtiggehende Trivialisierung der nationalsozialistischen Konzentrationslager durch den Vergleich mit den sowjetischen Speziallagern ist auch in einigen neueren Publikationen anzutreffen, was die Öffentlichkeit kaum zu Kritik veranlasst, obwohl gerade die neuere Forschung sowohl über die Konzentrations- als auch über die Speziallager die Unsinnigkeit, ja die Unwürdigkeit dieser Vergleiche offenbart hat. Hier klafft ein Abgrund zwischen Geschichtswissenschaft und Öffentlichkeit. Dieser aber ist keineswegs nur der Unfähigkeit der Geschichtswissenschaft anzulasten, ihre Ergebnisse der Öffentlichkeit adäquat zu vermitteln, erschwerend kommen gewisse und Interessen bedingte Sprachregelungen der Politik hinzu. Die politische Kultur in unserem Land legt kein gutes Zeugnis ab und beweist einmal mehr den verordneten Orwell'schen »Neusprech«. Bei der im nächsten Abschnitt behandelten Stasi-Debatte verhält es sich kaum anders.

2.4 »Rote Gestapo«

Die Rote Gestapo war der Titel eines Buches über den »Staatssicherheitsdienst in der Sowjetzone«,[175] wobei für diese antikommunistische Kampfschrift die Kampfgruppe gegen Unmenschlichkeit im Jahr 1952 verantwortlich zeichnete. Sie war nicht die einzige ihrer Art. Auch in verschiedenen weiteren Publikationen sind Vergleiche zwischen der Gestapo und der Stasi gezogen worden, mit dem ausgemachten Ziel, die verhasste DDR bzw. die »Sowjetzone« oder die »sogenannte DDR« anzuschwärzen oder, treffender, anzubräunen. Es handelte sich also um Propaganda. Auch die späteren Veröffentlichungen über die Stasi konnten diesen propagandistischen Zweck nicht leugnen, zumal sie häufig von Personen geschrieben waren, die die Stasi als Häftlinge hatten kennenlernen müssen. Dies erklärt ihren antikommunistischen Eifer und entschuldigt die mangelnde wissenschaftliche Sorgfalt, durch die sich die ersten Publikationen über die Stasi auszeichneten.[176]

In den wissenschaftlichen Arbeiten über die DDR allgemein wurde der Stasi dagegen wenig, vielleicht sogar zu wenig Aufmerksamkeit geschenkt, was vor allem bei denen der Fall war, die von den Protagonisten der damals neuen sogenannten DDR-immanenten Forschung verfasst worden waren. Vergleiche mit der Gestapo sind hier nicht zu finden. Keine Erwähnung fand und findet die Stasi auch in den Forschungen über die Gestapo. Denn für die NS-Forscher war und ist die Stasi kein Thema. Niemand wäre auch nur auf die Idee gekommen, Gestapo und Stasi miteinander vergleichen zu wollen.[177]

Das hat sich nach der Wende oder dem Untergang der DDR schlagartig geändert – das Vokabular des Kalten Krieges tauchte abermals auf, die Stasi war wieder »wie die Gestapo«.[178]

Vorerst letztes Beispiel ist der letzte Band der *Gesellschaftsgeschichte* von Hans-Ulrich Wehler, in der die Stasi wieder wie in der eingangs erwähnten Broschüre der Kampfgruppe gegen Unmenschlichkeit als »Rote Gestapo« bezeichnet wird,[179] gleich mehrfach. Unfassbar, dass ein so angesehener Historiker wie Wehler sich der Sprache des Kalten Krieges bedient, zumal noch lange nach seinem Ende.

Dabei ist die beinahe Gleichsetzung von Gestapo und Stasi überdies unbegründet. Die Versuche, Gestapo und Stasi miteinander zu vergleichen, sind bisher wie die sonstigen sogenannten Diktaturvergleiche nicht von Erfolg gekrönt gewesen[180] und können es auch nicht sein, aus dem einfachen Grund, weil beide Geheimpolizeien in unterschiedlichen Regimen gewirkt haben.[181] Außerdem stößt wer genau hinsieht auch beim »Mikrovergleich« Gestapo-Stasi letzten Endes immer auf Unvergleichbares. Hier nur einige Hürden und Stolpersteine des Vergleichs:

Die Stasi wurde, einmal abgesehen von der Auslandsspionage, nur im Innern eingesetzt und unterstand letztendlich dem allmächtigen KGB des großen Bruders und Patrons der DDR – der Sowjetunion.[182] Die Gestapo war dagegen weitestgehend frei und wütete während des Krieges nicht nur in Deutschland selbst, sondern auch in den von deutschen Truppen besetzten Gebieten.[183] Im In- und dann auch im Ausland wurden keineswegs nur politische Gegner (späterhin Widerstandskämpfer), sondern auch als asozial Bezeichnete, Homosexuelle und mehr und mehr auch rassische Opfer wie Juden, Roma und andere Minderheiten verfolgt.[184] Keineswegs ging das immer in störungsfreier Kooperation mit anderen terroristischen Institutionen vonstatten, die da waren die Kriminalpolizei und der Sicherheitsdienst der SS (SD). Gestapo und Kriminalpolizei wurden dann zur Sicherheitspolizei verschmolzen und 1939 mit dem Sicherheitsdienst zum Reichssicherheitshauptamt (RSHA) vereinigt. Die Gestapo firmierte innerhalb dieses Reichssicherheitshauptamtes als Amt IV und war vornehmlich für die »Gegnerbekämpfung« zuständig.

Dazu wurden jedoch weiterhin keineswegs nur politische Gegner, sondern auch rassische Opfer gezählt. Mit deren Ermordung wurden allerdings nicht Vertreter der Gestapo, sondern die Einsatzgruppen beauftragt, die aus der Sicherheitspolizei und dem SD gebildet worden waren. Unterstützt wurden sie von sogenannten Sicherungsdivisionen und anderen gängigen Einheiten der Wehrmacht.

Die Gestapo war also nicht nur anders aufgebaut als die Stasi, sie hatte auch weit mehr Macht und tendenziell andere Aufgaben. Dies gilt nicht für ihre polizeilichen und geheimdienstlichen Funktionen, denn die wurden im Dritten Reich keinesfalls allein von der Gestapo (und vor der Vereinigung zum Reichssicherheitshauptamt vom SD) wahrgenommen. Hinzuweisen ist hier auf die Wehrmacht, die nicht nur über eine eigene (Militär-)Polizei, sondern auch über einen eigenen Geheimdienst verfügte.[185] Letztendlich sind das lediglich Details, entscheidend ist der Kontext beider Geheimpolizeien. Bei der Gestapo war es ein fast beispielloser »Rassenstaat«, der eine bisher nie da gewesene Rassenpolitik betrieben und einen singulären Rassenmord begangen hat. Das sollte genügen: Der Gestapo-Stasi-Vergleich ist nicht berechtigt und kann(!) zu einer nicht mehr hinnehmbaren Relativierung der Schrecken des Dritten Reiches beitragen.

Andererseits darf dies genauso wenig zu einer Relativierung oder gar Verharmlosung der Stasi führen, denn die war schlicht verbrecherisch – in welchem Grad nach oben oder unten abweichend von der Gestapo sei dahingestellt. Verbrecherisch bleibt sie. Außerdem verfügte die Stasi über eine ungeheure und im Lauf der Zeit sogar größer werdende Macht. So war es ihr unter ihrem langjährigen Leiter Erich Mielke gelungen, ein Eigenleben zu entwickeln und sich auch jenseits der Staatspartei zu verselbstständigen,[186] obwohl sie nur, wie es in der widerlich blumigen Stasi-Sprache hieß, »Schwert und Schild der Partei« war.

Ihre schiere Größe hatte schon dazu beigetragen. Immerhin gehörten dieser Mammutbehörde mit ihren Haupt- und

Unterabteilungen und Leitungen in jedem DDR-Bezirk neben 91 000 hauptamtlichen noch weitere 100 000 inoffizielle Mitarbeiter an. Es wurde errechnet, dass jeder 50. DDR-Bürger für die Stasi arbeitete. Damit verfügte die Stasi absolut und prozentual zur Bevölkerung über mehr Mitarbeiter als die Gestapo.[187] Doch das allein sagt nicht viel und hatte auch seinen Ursprung, dass die Stasi Aufgaben wahrnahm, die im Dritten Reich von Institutionen außerhalb der Gestapo übernommen wurden. Allerdings hatte die Stasi etwas andere Arbeitsweisen. Während sich die Gestapo jedenfalls im Inland auf die Denunziationsbereitschaft sowohl der Partei- wie der Volksangehörigen verlassen konnte,[188] weshalb sie auf eigene operative Aktionen weitgehend verzichtete, hat die Stasi einen eigenen und immer größer werdenden Spitzelapparat von hauptamtlichen und inoffiziellen Mitarbeitern aufgebaut, der das ganze Land erfasste und seine Bewohner schon fast lückenlos überwachte.

Der Bevölkerung blieb das natürlich nicht verborgen, wenngleich sie sicherlich nicht alle Details und genaue inhaltliche Kenntnis der Berge von Papier, welche die fleißigen Mitarbeiter der Stasi anfertigten, erlangte. In den Grundzügen war das allgegenwärtige Wirken der Stasi hingegen bekannt. Einige Stasis[189] waren schon äußerlich an ihren Anoraks und Umhängetaschen erkennbar, bei anderen witterten DDR-Bürger diesen Status geradezu. Außerdem verplapperten sich einige IMs oder von ihnen angeworbene Bürger[190] im scheinbar vertrauten privaten Kreis. Hinzu kamen die Gerüchte,[191] die in der gesamten DDR verbreitet wurden und schließlich auch in den Westen gelangten. Hierzulande wurden sie wiederum von den Medien bereitwillig aufgegriffen und im Verbund mit harten Fakten über Funk und Fernsehen in die DDR selbst vermittelt, wo sie nicht mehr als Propaganda des Kalten Krieges, sondern als Wahrheiten aufgenommen wurden.

Dies veranlasste wiederum die Stasi, ihre Aktivitäten weiter zu intensivieren und mehr IMs anzuwerben, die über noch mehr scheinbare oder tatsächliche Widersetzlichkeiten berichteten. Hierzu zählten banalste Dinge, die von der Bevölkerung

längst nicht mehr als widersetzlich oder gar ungesetzlich empfunden wurden. Das galt vor allem für den Wunsch nach Aus-
reise in die BRD, was auch nach den Gesetzen der DDR legal
war und öffentlich geäußert werden konnte. Umso größer war
der Zorn über die Schikanen, mit denen die Ausreisewilligen
von der Stasi drangsaliert wurden.

All das führte dazu, dass nicht die Versorgung der Bevölkerung mit, wie es hieß, »Gütern des höheren Lebensbedarfs« und
die nach wie vor ungelöste Ausreisefrage, sondern die Aktivitäten der nicht selten als Krake bezeichneten und so auch emp-
fundenen Stasi im Mittelpunkt der Kritik vieler DDR-Bürger
und keineswegs mehr nur von einigen als solche bezeichneten
Dissidenten standen. Folglich bildete auch der Kampf gegen
die immer noch als allmächtig begriffene Stasi nicht den ein-
zigen, wohl aber einen ganz wichtigen Bestandteil dessen, was
später als friedliche Revolution seine Begrifflichkeit fand.[192]

Letztere begann im Oktober 1989 mit der Veröffentlichung
der Erinnerungen des Altkommunisten und Antifaschisten
Walter Janka, in denen dieser unter anderem die brutalen Ver-
hörmethoden schilderte, denen er zur Vorbereitung des gegen
ihn eingeleiteten Prozesses unterworfen worden war.[193] Diese
Stellen in Jankas Memoiren wurden auf einer Veranstaltung
im Berliner Deutschen Theater von Schauspieler Ulrich Mühe
verlesen. Der Eindruck, den das bei den Zuhörern machte, unter denen sich neben einigen Intellektuellen auch Funktionäre
der Partei befanden, war ungeheuer.[194] Ein Tabu war gebro-
chen – das bisherige öffentliche Schweigen über die Stasi. Sie
selbst wurde infrage gestellt, und zwar auch von Angehörigen
der Partei.

Dies bekam der Leiter der Stasi-Auslandsspionage, Markus
Wolf, am 4. November 1989 zu spüren, als er bei der großen
Demonstration auf dem Alexanderplatz, an der eine halbe Mil-
lion Menschen teilnahmen, gnadenlos ausgebuht wurde. Einen Monat später, im Dezember 1989, wurden dann die ersten
Bezirksstellen der Stasi besetzt. Am 15. Januar 1990 folgte der
schon legendäre Sturm auf die Stasi-Zentrale in der Berliner

Normannenstraße. Grund und Ausgangspunkt dieser Beset-
zungen war das Gerücht, die Stasi wolle ihre Unterlagen ins
Ausland bringen. Dass sie dazu angesichts der Berge von Akten gar nicht in der Lage gewesen wäre, irritierte die Demons-
tranten nicht. Mit dem Ruf »Meine Akte gehört mir!« nahmen
sie Besitz von den Stasi-Unterlagen.[195]

Auf die Inbesitznahme ihrer Akten folgte die Auflösung der
Stasi und die Verhinderung ihrer Umwandlung in eine »Amt
für nationale Sicherheit« genannte Nachfolgeorganisation. Der
schmähliche Untergang der Stasi wurde im März 1990 durch
die peinliche »Ich liebe – ich liebe doch alle – alle Menschen«-
Rede Erich Mielkes besiegelt, die an jeder Stelle auf höhnisches
Gelächter stieß. Die Stasi war Geschichte – und der Umgang
mit ihr begann.

Ebenfalls noch im März 1990 wurde eine Sammlung von
Lageberichten der Stasi aus dem Jahr 1989 veröffentlicht,[196] in
einer Auflage von 250 000 Exemplaren, die sofort reißenden
Absatz fanden. Das überaus große Interesse an der Stasi veranlasste die im März neu gewählte Volkskammer, das Stasi-Unterlagen-Gesetz auszuarbeiten, das den freien Zugang zu den
Akten sichern sollte. Derartiges stand jedoch nicht in Einklang
mit den archivrechtlichen Bestimmungen der Bundesrepublik.
Dennoch erzwangen die Bürgerrechtler der DDR eine Zusatz-
klausel im Einigungsvertrag, in dem verbindlich festgeschrie-
ben wurde, dass sich das neue Stasi-Unterlagen-Gesetz am entsprechenden Entwurf der Volkskammer zu orientieren habe.
So geschah es auch. Mit der Ausführung des am 29. Dezember
1991 in Kraft getretenen Stasi-Unterlagen-Gesetzes wurde eine
neu gegründete Behörde beauftragt. Sie heißt Amt des Bundesbeauftragten für die Unterlagen des Staatssicherheitsdienstes
der ehemaligen DDR (BStU), wird aber nach ihren Leitern
Joachim Gauck und Marianne Birthler schlicht Gauck- bzw.
derzeit Birthler-Behörde genannt.

Auf ihre geschichtspolitische Tätigkeit, die über ihre eigent-
lichen Aufgaben hinausging, wird in Abschnitt 3.3 noch näher einzugehen sein – hier ist ein Blick auf das zu werfen, was

man als Stasi-Hysterie oder Stasi-Fieber bezeichnen könnte. Gemeint ist an erster Stelle das Offenbaren bzw. öffentliche Brandmarken von Personen, die Mitarbeiter der Stasi gewesen waren – oder gewesen sein sollen, was keineswegs auf alle Beschuldigten zutraf. Doch nicht allen ist es gelungen, den Stasi-Vorwurf zu entkräften, der noch dazu meist mit der sofortigen Entlassung verbunden war, was teilweise einem Berufsverbot gleichkam. Die gerade in den 1990er-Jahren um sich greifende Stasi-Hysterie begünstigte aber auch die Streuung von Stasi-Verschwörungsideologien, sollten doch beinahe alle Lebensbereiche der DDR-Gesellschaft von der Stasi unterwandert und gesteuert gewesen sein. Von diesem durch kaum etwas begründeten Verdacht wurde auch die alte Bundesrepublik nicht ausgenommen.[197]

Seriöse und um Aufklärung bemühte Historiker hatten es schwer, in dieser aufgeheizten Atmosphäre Gehör zu finden, einige von ihnen waren daran auch nicht im Geringsten interessiert. Stattdessen versuchten sie, aus der Stasi-Hysterie Kapital zu schlagen, indem sie ihre schnell und keineswegs immer sorgfältig genug recherchierten eigenen Arbeiten auf den Markt brachten und für deren Verkauf warben. Letzteres geschah sogar noch durch die Vermittlung von Sensationsberichten über die Stasi-Verstrickung irgendwelcher prominenter oder nur irgendwie ansatzweise bekannter Personen, welche von der dafür immer empfänglichen Presse zu Stasi-Skandalen hochstilisiert wurden, um sie dem geneigten Publikum zu präsentieren. Man hatte oft den Eindruck, dass es hier nicht mehr um die historische Wahrheit, sondern um die Quoten der Fernsehsender und die Auflagenzahlen der Zeitungen ging.[198] Tatsächlich enthielten die zu diesem Zweck produzierten Artikel, Fernsehsendungen und schließlich sogar abendfüllenden Filme zahlreiche und zum Teil haarsträubende Fehler und Fehlurteile.[199]

Der wichtigste und auch folgenreichste war die maßlose Überschätzung der Stasi, die zwar allgegenwärtig, aber eben nicht allmächtig war. Schließlich unterstand sie der Partei- und Staatsführung, was im Artikel 1 der Verfassung der DDR von

1968 festgehalten war, und musste deren Weisungen folgen. Nach einigen allerdings auch umstrittenen Informationen soll sie das zwar nicht immer getan haben, doch auch diese Eigenmächtigkeiten rechtfertigten nicht, aus der DDR einen mit dem SS-Staat Heinrich Himmlers vergleichbaren Stasi-Staat zu machen,[200] der tatsächlich alle Lebensbereiche der Bewohner der DDR total erfasst hat. In der DDR gab es auch so etwas wie einen Alltag, den man aber gleichfalls nicht verharmlosen und verherrlichen darf, wie dies in einigen neueren wissenschaftlichen Arbeiten und publizistischen Berichten geschehen ist, die wiederum das schon erwähnte törichte »Es war doch alles nicht so schlecht«-Gerede hervorriefen.

Hier zeichnet sich ein weiterer geschichtspolitischer Skandal ab, der schwere und weit unübersichtlichere Folgen für das politische Bewusstsein haben wird. Einige von ihnen sind schon jetzt zu bemerken. Da ist zunächst die revisionistische Literatur, die von ehemaligen Stasi-Mitarbeitern und sonstigen DDR-Nostalgikern verfasst und von Organisationen verbreitet wird, die so blumige Namen wie »Gesellschaft zur Rechtlichen und zur Humanitären Unterstützung« und »Insiderkomitee zur Förderung der kritischen Aneignung der Geschichte des MfS« tragen, was ein echter Skandal ist.[201]

Hinzu kommt das dramatisch abnehmende Interesse der Bevölkerung im Osten wie im Westen des mental immer noch gespaltenen Landes an der Geschichte der DDR im Allgemeinen, der Stasi im Besonderen, über die man eben zu viel und zu viel Falsches gehört und gelesen hat. Das wird nun ausgerechnet von solchen Personen und Institutionen mit herzzerreißenden Worten beklagt, die mit ihrer Verteufelung der Stasi und der allgemeinen vergleichenden Dämonisierung der DDR wesentlich zu den erwähnten Trotzreaktionen und dem umfassenden Desinteresse beigetragen haben.

3. Institutionen und Personen

3.1 »Enquete«

Enquete ist dem französischen *enquête* entlehnt und bedeutet Untersuchung. Dieses wiederum ist dem lateinischen Verb für prüfen und untersuchen *inquirere* und dem entsprechenden Substantiv *inquisitio* abgeleitet. Die Begriffe *inquirere* und *inquisitio*, eingedeutscht inquirieren und Inquisition, wurden vornehmlich vor Gericht verwendet, wo der als Inquisit bezeichnete Angeklagte von einem Untersuchungsrichter oder auch Inquisitor befragt wurde, was in der Frühen Neuzeit auch die peinliche Inquisition, sprich Folter einschloss.

Doch mit dieser frühneuzeitlichen Inquisition hat und soll die heutige Enquete nichts zu tun haben. Schließlich versteht man heute unter einer Enquete im aktuellen engeren Sinne eine Kommission, die von einer Regierung oder einem Parlament eingesetzt wird, um politische Vorschläge zur Lösung bestimmter gegenwärtiger gesundheitlicher, ökologischer, ökonomischer, sozialer sowie ethischer Probleme zu erarbeiten.

Der Deutsche Bundestag hat seit Anfang der 1970er-Jahre insgesamt 24 Enquetekommissionen eingesetzt, die sich unter anderem mit den Gefahren von Aids, der Kernenergie und dem Schutz des Menschen und der Umwelt, der Globalisierung der Weltwirtschaft, Frau und Gesellschaft, Recht und Ethik der modernen Medizin und einigen anderen gegenwärtigen Fragen und Problemen beschäftigt haben.

Die zwischen 1992 und 1998 tagende 14. Enquetekommission des Deutschen Bundestages zur »Aufarbeitung von Geschichte und Folgen der SED-Diktatur« wirkt in dieser Reihe wie ein Fremdkörper.[202] War sie doch die erste und bisher einzige, die sich nicht mit einem Problem der Gegenwart, sondern einem der Geschichte beschäftigte, also etwas anstellte, was eigentlich nicht Aufgabe der Politik, sondern einer von politischen Einflüssen idealiter frei seienden Geschichtswissenschaft ist. Jedenfalls entspricht dies der allgemeinen Auffassung von einer durch die Verfassung geschützten und garantierten freien Wissenschaft.[203] Tatsächlich hatte man sich an dieses Prinzip bisher immer gehalten. Es gab und wird hoffentlich keine Enquetekommissionen zur Aufarbeitung von Geschichte und Folgen der Reformation, des Dreißigjährigen und des Siebenjährigen Krieges oder gar der Reichseinigung im 19. Jahrhundert geben. Warum verhielt sich das bei der Geschichte der DDR anders? Schließlich hat es auch keine Enquetekommission zur Aufarbeitung von Geschichte und Folgen der NS-Diktatur gegeben. Eine derartige Kommission wäre dagegen offenbar bitter notwendig gewesen, weil innerhalb der Kommission über die »SED-Diktatur« unentwegt Vergleiche mit der NS-Diktatur gezogen wurden.[204]

Zu diesen Strukturfehlern, welche diese Enquetekommission von Beginn an aufwies, kamen politische Fehlentscheidungen, die begründete Zweifel nicht nur an ihrer wissenschaftlichen Objektivität, sondern auch an ihrer politischen Ausgewogenheit weckten.[205] Insbesondere galt das bereits für die Wahl ihres Leiters. Anstatt einen wissenschaftlich ausgewiesenen und allgemein anerkannten Geschichts- oder Politikwissenschaftler auszusuchen (beispielsweise Karl Dietrich Bracher oder Jürgen Kocka), wurde der ehemalige Pfarrer und damalige Parteipolitiker Rainer Eppelmann zum Vorsitzenden gewählt, obwohl Eppelmann als früheres Mitglied der Opposition in der DDR und der jetzigen Regierungspartei CDU in doppelter Hinsicht parteiisch war.

Selbstverständlich traf das auch auf die übrigen Parteipolitiker zu, die von den großen im Bundestag vertretenen Parteien in die Enquetekommission entsendet wurden. Sie waren zudem bemüht, die Angehörigen der damals noch mit wenigen Abgeordneten im Bundestag vertretenen PDS (die noch keinen Fraktionsstatus hatte) in ihrer Arbeit zu behindern, das Stimmrecht zu verweigern und möglichst aus allen wichtigen Gremien auszuschalten. In der sonstigen parlamentarischen Arbeit sind solche, meist mit Hinweis auf die Geschäftsordnung begründeten Hakeleien zwar gang und gäbe, doch in einer Enquetekommission, die sich um die historische Wahrheit, noch dazu die über die DDR, bemühen sollte, wirkte das Vorgehen mehr als kontraproduktiv.

An der historischen Wahrheitsfindung interessiert waren keineswegs alle der von den Parteien ausgewählten geschichts- und politikwissenschaftlichen Experten. Gerade die CDU/ CSU hat sich hier einige, gelinde gesagt, Missgriffe geleistet. So hat sie mit dem Stuttgarter Politikprofessor Klaus Hornung einen Mann in die Enquetekommission entsendet, der sich durch seine Mitgliedschaft in einigen politisch sehr rechten Organisationen wie der »Konservativen Aktion« und dem »Studienzentrum Weikersheim« und durch eigene als rechtsradikal einzuschätzende Publikationen als keineswegs mehr nur rechter, sondern offensichtlich rechtsradikaler Ideologe und Politiker ausgewiesen hat, weshalb er auch mehrfach als solcher im *Handbuch Deutscher Rechtsextremismus* erwähnt worden ist.[206]

Auch der schon mehrfach erwähnte Eckhard Jesse, der ebenfalls in der (ersten) Enquetekommission saß, hatte sich damals an den rechten und revisionistischen Bestrebungen einiger neurechter Ideologen wie Karlheinz Weißmann und Rainer Zitelmann beteiligt, die Schrecken des Dritten Reiches durch Betonung seiner angeblich modernen, progressiven und insgesamt eben »auch guten Seiten« zu relativieren.[207] Außerdem gehörte Jesse wie seine Kommissionskollegen Wolfgang Schuller und Manfred Wilke zu denjenigen, die sich an der vergleichenden Dämonisierung der DDR beteiligt hatten – vor allem durch die Verwendung und Anwendung der Totalitarismusdoktrin auf die untergegangene DDR.

Beides – die Anwendung der Totalitarismusdoktrin auf die totalitäre DDR und ihr Vergleich mit dem Dritten Reich – stand dann auch im Mittelpunkt der Argumentation der CDU-Experten in der Enquetekommission. Hier tat sich besonders der ebenfalls sehr nach rechts gerückte Direktor des Münchener Instituts für Zeitgeschichte, Horst Möller, hervor. Möller versuchte vor allem, die gegen die Totalitarismusdoktrin sprechenden Argumente zu entkräften, wobei er das mit mehr als zweifelhaften, ja empörenden Behauptungen tat. So betonte er, dass »totalitäre Systeme allesamt« – womit offensichtlich auch die totalitäre DDR gemeint war – »durch Ausgrenzung und bis zum Mord gehende Unterdrückung größerer als politische Feinde definierter Bevölkerungsgruppen gekennzeichnet« seien. Dabei mache es, wie Möller fortfuhr, »keinen Unterschied, ob solche Feindgruppen, die man ausmerzen will, ›rassisch‹, religiös, politisch oder sozial definiert werden«.[208] Genau das hatte, wie erwähnt, Ernst Nolte behauptet, weshalb er während des Historikerstreits von fast allen seiner Kollegen, aber eben nicht von Horst Möller, kritisiert worden war.

Gegen die These, die DDR sei schon deshalb nicht als totalitär einzuschätzen und mit dem Dritten Reich zu vergleichen, weil sie keinen Weltkrieg geführt hat, wandte sich Möller mit der folgenden skandalösen Bemerkung: »Dass die DDR keinen Weltkrieg führte, ist zwar richtig – ich selbst habe das ja auch gesagt –, doch hätte sie ohne die Sowjetunion auch keinen führen können. Und wenn die Sowjetunion einen geführt hätte, hätte auch die DDR einen geführt.«[209]

Noch radikaler als sein damaliger Chef äußerte sich der Mitarbeiter des Münchener Instituts für Zeitgeschichte, Manfred Kittel.[210] Da die DDR mindestens so schwere Kriegsverbrechen begangen habe wie das Dritte Reich, forderte Kittel gleich die Einsetzung eines neuen Nürnberger Prozesses.

Die von Wolfgang Engler in einem sehr lesenswerten Aufsatz als »Freunde der Totalitarismustheorie«[211] bezeichneten CDU-Experten wurden jedoch von einigen ihrer Kollegen, die von der SPD nominiert worden waren, kritisiert. Dazu gehörte der Soziologe Mario Rainer Lepsius, der den »Vergleich zwischen SED- und der NS-Diktatur« für »problematisch« hielt, weil er »direkt durchgeführt« werde. Möglich sei er nur, wenn er »über

einen Dritten« durchgeführt werde, »der die Vergleichskate-
gorien anbietet, und das ist der demokratische Rechtsstaat«.[212]
Noch einen Schritt weiter ging Jürgen Kocka. Er plädierte zwar
auch wie Lepsius für einen »kontrastierenden Vergleich mit
den Prinzipien des liberal-demokratischen Rechts- und Verfassungsstaates«, wies aber, gerade was den DDR-Drittes-Reich-
Vergleich betrifft, auf dessen »Grenzen« hin, denn: »Zwischen
Nazi-Deutschland und DDR bestanden (…) zahllose erheb-
liche, ins Gewicht fallende Unterschiede.«[213]

Doch diese kritischen Zwischentöne wurden innerhalb der
Kommission kaum gehört und hatten auch bei ihrer Bewertung und Rezeption in der Öffentlichkeit wenig Gewicht. Hier
verfestigte sich der Eindruck, es handele sich bei DDR und
Drittem Reich um zwei grundsätzlich vergleichbare »totalitäre
Regimes«.[214] Dazu beigetragen hat auch der höchste Repräsen-
tant unseres Staates, der damalige Bundespräsident Roman
Herzog, der am 26. März 1996 vor der Enquetekommission
eine Rede hielt, in der er ihre wichtigsten Ergebnisse zustimmend zusammenfasste und würdigte,[215] zu erkennen vor allem
in der Äußerung, dass sich die »zwei Diktaturen« zwar »in vielen
Beziehungen unterschieden«, aber dennoch zusammenhingen.
»Vergleichbar« sei vor allem die »Technik von Machtausübung
und Machtmissbrauch beider Diktaturen«. Außerdem hätten
sich »NSDAP und SED (…) gleichermaßen des Staates und
der gesellschaftlichen Organisationen bemächtigt«. Allerdings
räumte Herzog ein, dass »vieles (…) nicht in Ost-Berlin (…),
sondern in Moskau« entschieden worden sei, und erteilte den
Bürgern der »totalitären« DDR eine Art Absolution, weil »wer
in der DDR lebte«, »sich arrangieren« musste, zumal dieses
»Leben« auch »entbehrungsreich« gewesen sei. Hierin sind nur
einige pflichtschuldige Verbeugungen vor den Bürgern der
ehemaligen DDR zu sehen, deren Präsident Herzog nun war.
Was blieb und wirklich wichtig war, war die präsidiale Sankti-
onierung des von der Kommission angestellten Vergleichs zwischen DDR und Drittem Reich.

Dennoch sollte die geschichtspolitische Bedeutung und

Wirkung der Enquetekommission auch nicht überschätzt werden. Dafür waren ihre (nebenbei gut bezahlten) Mitglieder schlicht zu fleißig. Haben sie doch so viele Berichte geschrieben und Materialien angesammelt, die niemand ernsthaft bewältigen und rezipieren konnte. So folgten auf die 18 Teilbände, die bereits von der Enquetekommission der 12. Wahlperiode des Deutschen Bundestages erarbeitet und 1995 gedruckt worden waren, weitere Bände mit einem Gesamtumfang von über 13 000 Seiten, die im Jahr 2000 von der zweiten Enquetekommission vorgelegt und gedruckt wurden. Wer konnte und wollte das alles noch lesen? Selbst für den Extremismusforscher Eckhard Jesse war dies ein wenig zu extrem. Auf ihn wirkte die Lektüre »geradezu ermüdend«[216] – dem ist beizupflichten.

Andererseits steuerten die alltags- und sozialgeschichtlich orientierten DDR-Historiker auch einige wirklich interessante, ja geradezu lustige Geschichten bei. So die von einer Kaffeemischung, die bei der Bevölkerung keinen Anklang fand, weshalb sie in ironischer Anlehnung an eine westliche »Erichs Krönung« genannt wurde. Damit war der Beweis erbracht, dass in der ansonsten so düster beschriebenen DDR doch tatsächlich auch Witze gemacht worden sind, was zugleich Zweifel nährte, in welchem Maße die DDR tatsächlich totalitär wie das Dritte Reich gewesen ist, wie dies die Hardliner unter den neuen DDR-Historikern nicht müde wurden zu behaupten.

Konkret hat die Aufnahme von Beiträgen der Alltags- und Sozialhistoriker dazu geführt, dass die ursprünglich angestrebte und politisch intendierte vergleichende Dämonisierung der DDR nicht erreicht wurde. Verordnen ließ sich dieses schlichte Schwarz-Weiß-Bild ohnehin nicht, dafür war auch die neue DDR-Forschung zu pluralistisch. Dennoch war und ist es mehr als bedenklich, dass mit der Enquetekommission der Versuch gemacht worden ist, ein bestimmtes Bild der DDR geschichtspolitisch durchzusetzen.

Außerdem hatten inzwischen andere staatliche und halbstaatliche Institutionen und Personen die geschichtspolitische Aufgabe übernommen, die ursprünglich wohl der Enquetekommission zugedacht worden war. Besonders hervorgetan hat sich dabei der an der FU Berlin angesiedelte Forschungsverbund SED-Staat, dem wir uns jetzt zuwenden wollen.

3.2 »Neue NofU«

Als neue NofU (Notgemeinschaft für eine freie Universität) habe ich auf einer Diskussionsveranstaltung im Januar 1998 den Forschungsverbund SED-Staat an der Freien Universität bezeichnet.[217] Dieser Vergleich ist etwas gewagt, aber gleichwohl berechtigt, was im Folgenden etwas näher ausgeführt werden soll, wobei zugleich Entstehungsgeschichte und Charakter dieses Forschungsverbundes aufgezeigt werden, der ein echtes Novum innerhalb der deutschen Wissenschaftsgeschichte darstellt. Doch zuvor ist kurz abzuhandeln, was die alte NofU gewesen ist.[218]

Die 1969 ins Leben gerufene Notgemeinschaft für eine freie Universität hatte die politischen und Standesinteressen von einigen betont konservativen und zum Teil sehr weit rechts stehenden Professoren der Freien Universität gegenüber den hochschulpolitischen Kräften vertreten, die auf eine Demokratisierung der Hochschulstrukturen im Allgemeinen, die Abschaffung von Privilegien der Ordinarien im Besonderen drängten. Es ging der NofU und ihrer hochschulpolitischen Partei, die sich Liberale Aktion nannte, also keineswegs nur um so hehre Ziele wie die Bewahrung der Freiheit der Wissenschaft, sondern auch, ja noch weit mehr um die Erringung und Verteidigung von Machtpositionen innerhalb der Wissenschaft. Doch diese sehr eigensüchtigen Ziele wurden verschleiert, indem die NofU ihren Konkurrenten und hochschulpolitischen Widersachern eine staatsfeindliche, genauer, kommunistische Gesinnung unterstellte. Neben Studenten wurden deshalb auch junge Assistenten und Dozenten bei Arbeitgebern und Behörden denunziert, was für einige von ihnen mit schweren beruflichen Nachteilen verbunden war.

Der neuen NofU bzw. dem 1992 gegründeten Forschungsverbund SED-Staat ging es ebenfalls vor allem um Macht,[219]
im Klartext: um die Erringung von Ämtern und die Besetzung
von Stellen, möglichst mit Pensionsberechtigung, worüber die
meisten Angehörigen des Forschungsverbundes zumindest
anfänglich nicht verfügten. Dazu bediente man sich einiger
hochschulpolitischer Kniffe und Tricks, umgesetzt von einer
hochschulpolitischen Partei, die sich »Undogmatische Sozialisten«, kurz »Undogs«, nannte. Sie bekämpfte sogenannte
dogmatische Sozialisten bzw. diejenigen hochschulpolitischen
Kräfte, die nicht wie die Undogs bereit waren, einen konservativen Universitätspräsidenten zu wählen.[220] Die Belohnung
dafür ließ nicht auf sich warten. Einige Undogs erhielten Refe-
rentenstellen bei dem unter anderem von ihnen gewählten Präsidenten, ein Vertreter ergatterte sogar eine Arbeitsstelle, die
sich mit Politik und Technik und ihren vor allem ökologischen
Folgen beschäftigen sollte.

Doch damit zeigte man sich nicht zufrieden. Schließlich
war inzwischen mit und nach dem Untergang der DDR ein
Forschungsfeld hinzugekommen, das unbedingt zu beackern
war, was wiederum nur durch die Errichtung von neuen For-
schungsstellen möglich zu sein schien. An der FU gab es dabei
jedoch ein Problem: Es gab bereits eine Forschungsstelle, an-
gesiedelt im Zentralinstitut für soziale Fragen, die sich schon
seit Langem mit der DDR beschäftigte. Diese vom erwähnten
DDR-Forscher Hartmut Zimmermann gegründete und auch
lange geleitete DDR-Forschungsstelle hätte ohne Weiteres aus-
gebaut werden können. Doch dazu kam es nicht. Stattdessen
wurde sie zusammen mit dem gesamten Zentralinstitut für soziale Fragen aufgelöst. Formal wurde dies mit dem Sparzwang
begründet, welcher der FU nach der Wiedervereinigung auf-
erlegt wurde. Hinzu kam jedoch die wahrscheinlich von der
damals noch Gauck-Behörde zugespielte und augenblicklich
umgemünzte Information, dass ein Mitarbeiter der DDR-Forschungsstelle Agent der Stasi war.[221]

Damit war das DDR-Forschungsfeld für den neuen Forschungsverbund SED-Staat frei geworden, der – ein Novum innerhalb der Universitätsgeschichte – direkt dem Präsidenten der FU unterstellt wurde. Der an sich zuständige Fachbereich Politische Wissenschaft suchte dies allerdings zu verhindern, was ihm nicht gelang, weil außerdem bekannt wurde, dass der Dekan dieses Fachbereichs ebenfalls IM der Stasi gewesen war. Nach dessen sofortiger fristloser Entlassung versuchte die neue Leitung des Fachbereichs Politische Wissenschaft, sich wenigstens einen Teil der plötzlich reichlich fließenden Geldmittel zu sichern, die an den Forschungsverbund gingen. Hier tat sich Politikprofessor Peter Steinbach hervor, der daneben auch wissenschaftlicher Direktor der Gedenkstätte Deutscher Widerstand war. In dieser Gedenkstätte wird auch der kommunistische Widerstand gewürdigt, was im Westen kritisiert, in der noch bestehenden DDR dagegen gelobt worden war. Einige dieser lobenden Aussprüche wurden dann von Angehörigen des Forschungsverbundes entdeckt und (zum Teil aus dem Zusammenhang gerissen) Peter Steinbach zur Last gelegt – allein mit dem Ziel, die Position, die Steinbach innerhalb des allgemeinen Wissenschaftsbetriebes erreicht hatte, zu unterminieren.

Dem ebenfalls sehr mächtigen und einflussreichen Geschichtsprofessor Jürgen Kocka sollte es ähnlich ergehen. Ihm wurden seine Kontakte vorgeworfen, die er vor der Wiedervereinigung zu einigen DDR-Kollegen unterhalten hatte. Außerdem hatte sich Kocka sehr negativ über die gerade begonnenen Forschungen des Verbundes geäußert und ihre führenden Mitarbeiter als »Meister der politischen Demagogie« und als »Autoren von Halbwahrheiten und Verzerrungen und Wissenschaftler ohne Glaubwürdigkeit und Seriosität« bezeichnet.

Dass diese zugegebenermaßen sehr harte, ja vernichtende Charakterisierung nicht unbegründet war, zeigte das Beispiel des vom Forschungsverbund ebenfalls denunzierten Lutz Niethammer. Niethammer hatte in den 1980er-Jahren ein viel beachtetes Oral-history-Projekt geleitet, bei dem Bürger der DDR über ihre Einstellung und, wie es dann im Titel der Publikation hieß, »volkseigene Erfahrung« befragt worden waren.[222] Natürlich war dieses Projekt nur in Absprache mit der politischen Leitung der DDR und auch mit einigen DDR-Historikern möglich gewesen, die um Stellungnahmen zu Niethammer und seinen Mitarbeitern gebeten worden waren. In diesen war Niethammer ob seiner fachlichen Kompetenz gelobt, wegen seiner Verortung »auf dem Boden der kapitalistischen Grundordnung« allerdings auch getadelt worden. Diese Charakterisierung nahm sich damals ausnehmend lustig aus. Niethammer selbst konnte das nicht so sehen, flogen ihm diese und andere Bewertungen in der Presse, vor allem in der *Bild*-Zeitung, doch geradezu um die Ohren.

Der Forschungsverbund setzte noch eins drauf und beschuldigte Niethammer, der inzwischen einen Ruf nach Jena angenommen hatte und Mitglied im Kuratorium für die thüringischen Gedenkstätten geworden war, seine damit errungene Machtposition ausgenutzt zu haben, um neben seinen Genossen (Niethammer war wie Kocka Mitglied der SPD) auch mit ihm befreundete DDR-Historiker zu protegieren. Tatsächlich war einer von ihnen, Olaf Groehler, in das erwähnte Kuratorium für die thüringischen Gedenkstätten berufen worden. Nachdem bekannt wurde oder von interessierter Seite gezielt bekannt gemacht worden war, dass dieser nebenbei hoch qualifizierte Historiker als Student eine Verpflichtungserklärung bei der Stasi unterschrieben hatte, wurde Groehler zwar sofort entlassen (er starb wenig später als seelisch und körperlich wahrhaft gebrochener Mann), doch auch hier sollte der lateinische Spruch *Semper aliquid haeret* (Es bleibt immer etwas hängen.) zutreffen – in diesem Fall eine zu große Nähe zur SED.[223]

Bis hierher dürfte deutlich geworden sein, dass es dem Forschungsverbund SED-Staat vornehmlich nicht um Forschung und Wissenschaft, sondern um Ideologie und Politik, um die Errichtung einer Diktatur des Verdachts ging, weshalb der NofU-Vergleich mehr als berechtigt ist. Dennoch hat der Forschungsverbund verstanden, sich innerhalb der Öffentlichkeit und vor allem bei den universitären und außeruniversitären Geldgebern[224] den Anstrich zu geben, ernsthafte und wissenschaftlich korrekte Forschungen zu Geschichte und Nachgeschichte der DDR zu betreiben.

Verdient hatte dies der Forschungsverbund zumindest anfangs nicht, bestanden doch seine ersten Veröffentlichungen aus schnell zusammengeschusterten und mit Dokumenten aus der Gauck-Behörde notdürftig belegten Enthüllungsgeschichten über die Stasi-Belastung von irgendwelchen möglichst prominenten Personen – eine Methode, die die Presse goutierte, mit ernsthafter Forschung aber wenig zu tun hatte. Verschleiern sollte das vor allem, dass bis auf Manfred Wilke,[225] der seit 1984 über die Westarbeit der SED forschte, niemand sonst sich durch jegliche Forschungen zur DDR auswies. Der (spätere) Leiter Klaus Schroeder hatte sich vorher ausschließlich mit Fragen der Umwelt und Folgen der Technik beschäftigt. Die vorherige Tätigkeit des Dritten im Bunde, Jochen Staadt, bleibt, außer dass er ein bekennender Maoist gewesen war, im Ungewissen. Sehr viel und inzwischen viel zu viel weiß man dagegen über Bernd Rabehl, der zweifellos das bekannteste Mitglied des Forschungsverbundes war. Seinen Bekanntheitsgrad verdankte Rabehl jedoch weniger seinem äußerst schmalen wissenschaftlich Œuvre als seiner früheren politischen Tätigkeit für den SDS und seit einigen Jahren für einige rechtsradikale Organisationen.[226]

Mit Ausnahme von Rabehl, der so gut wie nichts beisteuerte und dann in Pension ging, entfalteten die übrigen Mitglieder des Forschungsverbundes eine rege Publikationstätigkeit. Hinzu kamen die Veröffentlichungen der Mitarbeiter, die aus den Drittmitteltöpfen bezahlt wurden. Darunter befanden sich einige wichtige und quellengesättigte Studien zu verschiedenen Detailproblemen.[227] Sie können hier nicht alle und im Einzelnen gewürdigt werden. Stattdessen soll auf die grundsätzliche geschichtspolitische Zielsetzung eingegangen werden, die der Forschungsverbund bei aller sonstigen vorgeblichen wissenschaftlichen Drapierung verfolgt.[228]

Zunächst und vor allem geht es um das, was hier als Diktatur des Verdachts bezeichnet wurde: die These von der Unterwanderung der alten Bundesrepublik im Zuge der sogenannten West-arbeit von SED und Stasi.[229] Diese These hatte im Ansatz schon einen verschwörungsideologischen Charakter, was jedoch erst seit Kurzem erkannt wird. Die große und geheime Unterwanderung und Unterminierung der Bundesrepublik durch SED und Stasi hat es nicht gegeben. Es handelt sich um eine konspirative Ideologie, deren Bedeutung und Folgen für politische Kultur und demokratische Struktur auch der jetzigen sogenannten Berliner Republik noch gar nicht abzuschätzen sind.

Der Forschungsverbund hat diese Verschwörungsideologie in drei Untersuchungsfeldern vertreten und zu beweisen gesucht. Einmal im Bereich der Geschichte der FU, deren Geschicke ganz wesentlich von SED und Stasi bestimmt gewesen seien, welches sich als völlig unbegründet herausgestellt hat. Die FU war immer eine freie und niemals eine Stasi-Universität. Als pure Unterstellungen haben sich auch die Vorwürfe erwiesen, wonach Gewerkschaften wie die IG Druck und Papier sowie die IG Kunst, Kultur und Medien und Organisationen wie Greenpeace vom MfS bearbeitet und gesteuert worden seien.[230] Richtig, aber schon hinlänglich bekannt war dagegen der Beweis, dass die DKP von Anbeginn an durch die SED unterstützt und gelenkt worden ist.

Das zweite geschichtspolitische Ziel des Forschungsverbundes war die Charakterisierung der DDR als totalitär, was ihrer Dämonisierung gleichkommt. Dieser Aufgabe hat sich vor allem der Leiter des Forschungsverbundes Klaus Schroeder in mehreren Publikationen gewidmet. Besonders wichtig war sein erstmals 1998 veröffentlichtes Buch *Der SED-Staat*.[231] Schroeder selbst hat sein tatsächlich weitverbreitetes Werk als »erste und bisher einzige nach dem Zusammenbruch der DDR erschienene Gesamtdarstellung zu Geschichte und Strukturen der DDR« bezeichnet. Dieses Eigenlob ist nicht völlig unbegründet. Schroeders DDR-Geschichte wurde zum Standardwerk und hat einen ganz entscheidenden Einfluss auf das Bild der DDR ausgeübt, das in den neueren und neuesten Schulbüchern von der DDR gezeichnet wird, die einen totalitären Charakter gehabt haben soll.

Doch gerade das hat Schroeder nirgendwo beweisen können, hat er doch sowohl auf einen Vergleich mit dem Dritten
Reich als auch auf eine Anwendung einer Totalitarismustheorie
auf die DDR verzichtet.[232] Stattdessen hat er sich eines leicht zu
durchschauenden Tricks bedient, indem er die Vokabel »totalitär« in einem eher umgangssprachlichen Sinne verwendet, was
in der Folge nicht selten zu einer vollendeten Tautologie führt:
Die DDR ist oder soll aufgrund ihres totalitären Charakters
totalitär gewesen sein. Das liest sich dann so: »Indem die totalitäre Staatspartei SED ihre Prinzipien auf Gesellschaft und
Staat übertrug, war die 1949 gegründete DDR ein totalitärer
Staat.«[233]

Ganz so einfach ist das allerdings nicht. »Totalitär« ist kein
ubiquitäres und wahllos zu verwendendes negatives Adjektiv,
sondern die Bezeichnung eines Regimes, auf das eine der vorhandenen Totalitarismustheorien insgesamt oder zumindest in
Teilbereichen zutreffen muss. Ein ganz zentrales Argument ist
dabei, was die DDR anbelangt, ihre Vergleichbarkeit mit dem
Dritten Reich, doch davon kann keine Rede sein – und davon
redet auch Schroeder nicht, zumal er sich niemals ernsthaft
mit dem Dritten Reich beschäftigt hat. Wieso er es dennoch
fertigbringt, die DDR als totalitär zu bezeichnen, bleibt sein
Geheimnis oder eher sein politologischer Taschenspielertrick.

Äußerst trickreich ist auch Schroeders Reaktion auf die
Kritik vieler Bürger der ehemaligen DDR an einer derartigen
Charakterisierung ihres Staates, wodurch sie selbst mit den Faschisten verglichen und generell auf die »Anklagebank gesetzt«
werden.[234] Anstatt dies anzuerkennen und nach den Gründen
zu suchen, warum so viele Ostdeutsche mit »Widerwillen bis
Ablehnung« auf die »Redewendung ›zweite deutsche Diktatur‹« reagieren, geht Schroeder sofort in die Offensive und
unterstellt, »dass eine Mehrheit der Ostdeutschen der sozialistischen Parteidiktatur in der DDR mehr gute als schlechte
Seiten attestiert«. Diese Behauptung, die übrigens durch seriöse Meinungsumfragen nicht gedeckt ist, begründet Schroeder
mit dem Hinweis auf eine von ihm selbst vorgenommene Be-

fragung von Schülern(!),[235] deren fachliche Qualität und Seriosität zwar von Fachleuten bezweifelt wurde,[236] die aber in
der Öffentlichkeit – die erwünschte und angestrebte – große
Beachtung fand.[237]

Nun gibt es tatsächlich so etwas wie eine DDR-Nostalgie,
die zweifellos zu kritisieren ist, obwohl sie die Reaktion auf die
Verteufelung der DDR darstellt, sie darf aber nicht als Beweis
einer unter Ostdeutschen weitverbreiteten antidemokratischen
Einstellung angesehen werden. Und so richtig und wichtig die
Forderung Schroeders ist, dass alle Bürger (und keineswegs nur
die ostdeutschen) die »normativen Werte einer freiheitlich-de-
mokratischen und pluralen Gesellschaftsordnung« anerkennen
sollten, so sehr ist die damit verbundene Aufforderung zu kritisieren, die Totalitarismusdoktrin zu akzeptieren und ihre Anwendung auf die DDR gutzuheißen.

Doch genau dies fordert Schroeder auf eine beinahe drohende und apodiktische Weise: Bei der »doppelten Vergan-
genheitsaufarbeitung sollte zumindest bei der Mehrheit der
Bevölkerung sowie öffentlichen Meinungsträgern und Multi-
plikatoren Übereinstimmung hinsichtlich grundlegender Tatsachen bestehen«. Dies gelte auch, ja vor allem für die als nicht
mehr hinterfragbar angesehene These, wonach »beide Diktaturen totalitär strukturiert« gewesen seien.

Unglaublich – hier wird die vergleichende Dämonisierung
der DDR geradezu verordnet. Außerdem wird die ihr zugrunde
liegende Totalitarismustheorie/-doktrin auch noch unzureichend begründet, durch drei Argumente, die allesamt angreif-
bar sind.[238] Erstens die Behauptung, die »unbeschränkte Macht«
habe (in beiden »totalitären Diktaturen«) »in den Händen einer Monopolpartei und ihrer Führung beziehungsweise ihres
Führers konzentriert« gelegen. Hier scheinen Schroeder die ge-
genteiligen Thesen der sogenannten Strukturalisten unter den
NS-Forschern völlig entgangen zu sein, wonach es den monoli-
thisch konstruierten Führerstaat gar nicht gegeben hat. Schroeders zweites Argument ist ebenfalls von der empirischen Forschung widerlegt worden: die Gleichsetzung von »rassistisch«

und »sozialistisch«. Daher kann keine Rede davon sein, dass es in dem »Bestreben, eine neue – einmal rassistisch, einmal sozialistisch begründete – Gesellschaft mit neuen Menschen schaffen zu wollen, (…) Analogien« zwischen beiden totalitären Regimen gegeben habe. Nicht bewiesen ist schließlich die auf Hannah Arendt zurückgehende Behauptung, wonach beide totalitäre Staaten »bürgerliche Strukturen« zerstört, »bürgerliche Schichten« vertrieben und »antibürgerliche Gesellschaften« errichtet hätten.

Einen gänzlich ideologischen Charakter hat die Forderung Schroeders, die »Sicht auf beide Diktaturen« müsse an »zwei Bedingungen geknüpft« sein: an »die freiheitlich-demokratische Werteordnung als Beurteilungsmaßstab« und an die »Verurteilung von Verbrechen unabhängig von Ideologie und politischer Ausrichtung der Täter«. Dies mündet in der Kritik des angeblich vorhandenen selektiven »Gedächtnis, das die Verbrechen des Nationalsozialismus sehr umfassend und genau erinnert, die kommunistischen Verbrechen dagegen nur oberflächlich und lückenhaft«. Hier nähert sich Schroeder der Position an, die Ernst Nolte im Historikerstreit vertreten hat. Das ist ihm sehr wohl bewusst, breitet er doch über »konservativen Historikern und Politikern«, welche die »deutsche Geschichte umschreiben« wollten, ausdrücklich schützend seine Hand, um gleichzeitig die am Historikerstreit »beteiligten Linksintellektuellen« zu kritisieren.[239] Daraus ist nur ein Schluss zulässig: Schroeder will den Historikerstreit nachträglich gewinnen, und zwar für Nolte. Er will ein anderes Geschichtsbild und begründet seine Verordnung ideologisch: »Erst die gleichzeitige Erinnerung an beide Diktaturen und ihre unterschiedlichen Folgen konstituiert ein Verständnis von Zivilgesellschaft, das dem Einzelnen Verantwortung auch für das freiheitlich-demokratische Gemeinwesen und seine Stabilität zuspricht.«

Mit dieser problematischen, weil mit einem freien und pluralistischen Geschichts- und Wissenschaftsverständnis unvereinbaren, geschichtspolitischen Forderung steht Klaus Schroeder jedoch keineswegs allein da. Durchaus ähnliche Ziele hat ein Mann verfolgt und mithilfe einer Institution auch fast erreicht, die fatale Ähnlichkeiten mit dem »Wahrheitsministerium« in George Orwells utopischem Roman *1984* aufweist – die Gauck-Behörde.

3.3 »Wahrheitsministerium«

Das Amt des Bundesbeauftragten für die Unterlagen des Staatssicherheitsdienstes der ehemaligen Deutschen Demokratischen Republik (BStU) mit dem »Wahrheitsministerium« in Orwells *1984* zu vergleichen ist nicht berechtigt und polemisch. Zulässig und keineswegs polemisch ist jedoch die Feststellung, dass Joachim Gauck als erster Leiter dieses nach ihm inoffiziell benannten Amtes danach getrachtet hat, eine Institution zu schaffen, die tatsächlich große Ähnlichkeiten mit dem Orwell'schen Ministerium hatte. Warum und wie konnte es dazu kommen? Um diese Fragen zu beantworten, empfiehlt es sich, zunächst einmal einen Blick auf Joachim Gaucks Biografie zu werfen.[240]

Joachim Gauck wurde 1940 in Rostock geboren. In dieser Stadt, die sich in der NS- und der nachfolgenden Zeit der DDR von einer beschaulichen Handels- und Hafenstadt zu einem industriellen Zentrum gewandelt hat, ist er auch aufgewachsen, hat dort studiert und war am selben Ort vor seinem Eintritt in die Politik im Jahr 1990 als Pfarrer tätig. Rostock hat ihn ohne Zweifel geprägt.

Wenig wissen wir dagegen über sein Elternhaus. Sein Vater, ein Seemann, entstammte keiner bürgerlichen Familie. Dennoch ist er in Konflikt mit dem als solchem bezeichneten bzw. selbst ernannten Arbeiter- und Bauernstaat geraten. Aus nicht genau bekannten Gründen wurde er 1951 von einem sowjetischen Militärtribunal zu 25 Jahren Zwangsarbeit in einem sibirischen Lager verurteilt. Im Zuge der damals einsetzenden Entstalinisierung wurde er jedoch begnadigt und konnte 1955 nach Rostock zurückkehren. Keine Frage, das Schicksal seines

Vaters hat entscheidenden Einfluss auf den jungen, damals gerade 15 Jahre alten Joachim Gauck gehabt.[241] Dennoch blieb er mit seiner Familie in der DDR, um hier Theologie zu studieren. Wer oder wessen Lehre ihn in seinem Studium geprägt hat, weiß man dagegen nicht. Auch spätere theologische Äußerungen oder gar Schriften sind nicht bekannt, insbesondere keine über die damals und auch heute noch brennenden Fragen zur Haltung der evangelischen Kirche im Dritten Reich allgemein, zur Judenverfolgung besonders, die viele seiner Amtsbrüder im Osten und noch mehr im Westen veranlasst hat, ihre Einstellung zum Judentum generell zu überdenken.[242] Gauck gehört dagegen zu den ganz wenigen deutschen Protestanten der Nachkriegszeit, denen das spezifisch protestantische Schuldbewusstsein völlig fehlt. Doch dies ist mein ganz persönlicher und natürlich subjektiver Eindruck. Kehren wir daher lieber zum Lebenslauf von Joachim Gauck zurück.

Nach seinem Studium und der anschließenden Vikariatszeit übernahm Gauck in Lüssow (Kreis Güstrow) eine Pfarrstelle. 1971 war er wieder in Rostock, wo er als Stadtjugendpfarrer tätig war, außerdem nahm er noch eine Pfarrstelle in einem der neuen Arbeiterbezirke Rostocks wahr. Beides waren sicherlich keine leichten Aufgaben, besonders weil sich in der gesamten DDR sowohl große Teile der Arbeiterschaft wie der Jugend von der Kirche getrennt hatten. Keineswegs war dies nur aus eigener Überzeugung, sondern auch auf Druck des Regimes hin geschehen, dem es gelungen war, die einstige Volkskirche zu einer Kirche der Minderheit zu reduzieren. Die dabei zwischen Kirche und Staat geführten heftigen Auseinandersetzungen wurden jedoch in den 1970er-Jahren mit einem Kompromiss beendet. Die inzwischen aus dem gesamtdeutschen Kirchenverband ausgetretene evangelische Kirche der DDR erkannte ihren Staat gewissermaßen an, wodurch ihr von ihm bestimmte Rechte garantiert und einige Freiräume zugestanden wurden. Dieser als solcher zu nennende Ausgleich war auf beiden Seiten keineswegs unumstritten. Mitglieder der Kirche kritisierten das neue Konzept einer »Kirche im Sozialismus«, und Angehörige des Partei- und Staatsapparates fürchteten, dass die von eben dieser Kirche im Sozialismus errungenen Freiräume von Oppositionellen genützt werden würden. Wie sich zeigen sollte, war diese Furcht berechtigt, denn spätestens in den 1980er-Jahren bildete sich unter dem Dach der Kirche tatsächlich eine Opposition heraus.

Ob und seit wann ihr auch Joachim Gauck angehört hat, ist nicht sicher belegt.[243] Sein Name taucht auch in den heftigen Debatten nicht auf, die innerhalb der Kirche über das Für und Wider des Konzepts »Kirche im Sozialismus« geführt wurden.[244] Joachim Gauck wurde einer größeren und zunächst nur auf Rostock beschränkten Öffentlichkeit erst 1989 bekannt, als er hier die nach dem Leipziger Muster abgehaltenen wöchentlichen (Protest-)Gottesdienste leitete und die sich daran anschließenden Demonstrationen anführte.

Offensichtlich noch 1989 ist Gauck dem Neuen Forum beigetreten, zu deren Rostocker Vorsitzenden er wurde. Als Mitglied des Neuen Forums wurde er dann im März 1990 zum Abgeordneten der neuen Volkskammer gewählt. Hier übernahm er das, wie sich zeigen sollte, wichtige Amt des Leiters für den »Sonderausschuss zur Kontrolle der Auflösung des Ministeriums für Staatssicherheit (MfS)/Amt für Nationale Sicherheit (AfNS)«. In dieser Eigenschaft arbeitete er auch ganz wesentlich an dem Stasi-Unterlagen-Gesetz der Volkskammer mit. Daher war es schon beinahe folgerichtig, dass er auf der letzten Sitzung der Volkskammer am 2. Oktober 1990 zum »Sonderbeauftragten für die personenbezogenen Unterlagen des ehemaligen Staatssicherheitsdienstes der DDR« gewählt wurde.

Keineswegs folgerichtig war, dass er in diesem Amt auch von der Bundesregierung unter Helmut Kohl bestätigt wurde. Schließlich sind nur die wenigsten Beschlüsse der letzten Volkskammer übernommen worden, und nur ganz wenige Personen konnten ihre gerade begonnene politische Karriere im wiedervereinten Deutschland fortsetzen. Der inzwischen wieder parteilose Gauck (wann und warum er aus dem Neuen Forum wieder ausgetreten ist, weiß man nicht) gehörte zu den

Ausnahmen. Dass Gauck nicht wie die anderen und damals viel bedeutenderen Politiker aus der Zeit der Wende in der politischen Versenkung verschwand, verdankte er vor allem seinem Bekanntheitsgrad, den er sich durch seine Medienpräsenz errungen hatte. Der groß gewachsene, redegewandte und telegene Gauck wurde so etwas wie ein Medienstar.[245] Äußerst wichtig und seiner weiteren Karriere förderlich war auch, dass Gauck mit Preisen und Auszeichnungen geradezu überhäuft wurde. Schon 1991 wurde er gemeinsam mit fünf weiteren, seinerzeit viel bekannteren Bürgerrechtlern stellvertretend für die gesamte Opposition in der DDR mit der Verleihung der Theodor-Heuss-Medaille geehrt.

Nach der Verabschiedung des Stasi-Unterlagen-Gesetzes im Dezember 1991 wurde der bisher nur berufene Sonderbeauftragte der Bundesregierung für die personenbezogenen Unterlagen des ehemaligen Staatssicherheitsdienstes, Joachim Gauck, vom Bundestag zum »Bundesbeauftragten für die Unterlagen des Staatssicherheitsdienstes der ehemaligen DDR« gewählt, und zwar fast einstimmig. Sein Amt baute Gauck in kurzer Zeit und mit einer bemerkenswerten Geschicklichkeit zu einer Mammutbehörde aus, der bald 2000 und schließlich sogar 3000 Mitarbeiter angehörten.[246] Damit verfügte die Gauck-Behörde über zehnmal mehr Mitarbeiter als die Zentralstelle zur Aufklärung von NS-Verbrechen in Ludwigsburg[247] – ein unberechtigtes Missverhältnis. Aufgabe der Ludwigsburger Stelle war schließlich die Aufklärung und Ahndung von Massen- und Völkermord.

Wie ist es zu diesem bemerkenswerten und in einer Zeit der sonst leeren staatlichen Kassen geradezu singulären Ausbau der Gauck-Behörde gekommen? Eigentlich sollte sich das Amt nur um die Unterlagen, sprich Akten des ehemaligen Staatssicherheitsdienstes kümmern. Dazu hätte ihre Erfassung und Aufarbeitung nach archivwissenschaftlichen Kriterien ausgereicht.[248] Dies wäre am besten durch die Umwandlung des Amtes in ein echtes Archiv oder seine Eingliederung in das Bundesarchiv zu erreichen gewesen. Das hat Gauck jedoch verhindern können unter Hinweis auf das Stasi-Unterlagen-Gesetz, das die »Meine Akte gehört mir«-Forderung der Bürgerrechtler aufnahm und jedem Bürger das grundsätzliche Recht gewährt, Einsicht in die ihn betreffenden Unterlagen zu nehmen.

Erstaunlicherweise haben davon bis zum Oktober des Jahres 2000 über 1,7 Millionen Personen Gebrauch gemacht. Ein in der Geschichte einmaliger Vorgang, denn wer hat schon einmal die Möglichkeit gehabt und überhaupt das Bedürfnis verspürt, in ein Archiv zu gehen, um dort etwas über sich zu erfahren? Dieser Run auf die Akten kam aber nicht von ungefähr, sondern erfolgte im Zuge der in Abschnitt 2.4 bereits geschilderten allgemeinen Stasi-Hysterie, die zudem von der Gauck-Behörde selbst entfacht und immer wieder aufs Neue angefeuert wurde. Sie war es schließlich, die in regelmäßigen Abständen Enthüllungen über die Stasi-Verstrickungen von vornehmlich prominenten Persönlichkeiten öffentlich machte. Das geschah direkt durch die Bekanntgabe von Akten durch das Amt selbst und auch indirekt durch die Weitergabe von belastenden Materialien an die dafür damals besonders empfänglichen und sensationsgierigen Medien. Teilweise geschah dies, bevor die Betroffenen selbst überhaupt von den Anschuldigungen informiert worden waren, was auch heute gängige Praxis ist und durch das Stasi-Unterlagen-Gesetz als gedeckt angesehen wird. Ein himmelschreiender Vorgang!

Auch auf diesem Feld tat sich Gauck persönlich hervor. Schon 1991 veröffentlichte er unter seinem Namen eine Schrift, die den sensationsheischenden Titel trug: *Die Stasi-Akten. Das unheimliche Erbe der DDR.*[249] Außerdem beteiligte sich Gauck an den Kampagnen gegen einige prominente tatsächliche oder auch nur vermutete IMs der Stasi, so vor allem an der gegen seinen ehemaligen Amtsbruder Manfred Stolpe gerichteten. Stolpe, der in der DDR-Zeit Sekretär des Evangelischen Kirchenbundes war, wurde beschuldigt, der in den Akten »Sekretär« genannte Agent der Stasi zu sein.[250]

Dass seine Behörde gleichzeitig Tausende andere weniger prominente Bürger der ehemaligen DDR auf ihre eventuelle

Stasi-Zugehörigkeit überprüfte, rechtfertigte Gauck mit der Behauptung, dass man nur so zum Erfolg eines »therapeutischen Prozesses« beitragen könne, dem die gesamte Gesellschaft der ehemaligen DDR unterzogen werden sollte.

Doch der gesamte dabei betriebene Aufwand stand in einem eklatanten Missverhältnis zu seinen Ergebnissen. Zwar wurden insgesamt etwa 100 000 Strafanzeigen gestellt und 30 000 Ermittlungsverfahren gegen tatsächliche oder angebliche Mitarbeiter der Stasi eröffnet, aber Anklage wurde nur gegen ein Prozent von ihnen erhoben. Insgesamt sollen nur 15 (nach anderen Angaben 20) Personen zu jedoch keineswegs langfristigen Haftstrafen verurteilt worden sein.[251] Ursache war die bereits erwähnte Tatsache, dass sich der bundesdeutsche Gesetzgeber nicht dazu bereitgefunden hat, Stasi-Sondergesetze zu erlassen, wie dies einige Hardliner gefordert und mit der Gleichsetzung von Stasi und Gestapo begründet hatten. Die Verurteilung aufgrund einer Tätigkeit für die Stasi erfolgte anhand der bestehenden Gesetze – und das waren im Zweifelsfall die der DDR.[252] Natürlich war und ist dies problematisch, aber rechtlich korrekt und allemal besser als die Rachebedürfnisse beliebiger Opfer der Stasi zu befriedigen.

Gauck sah dies jedoch offensichtlich anders. Maßlos enttäuscht zeigte er sich auch durch die Einschränkung der sogenannten Regelanfrage, mit der in Erfahrung gebracht werden konnte, ob in den Stasi-Akten etwas gegen einen Bürger der ehemaligen DDR vorlag oder nicht. Vermutlich deshalb forderte Gauck lautstark, die Kompetenzen seiner Behörde auch auf die Bewohner der alten Bundesrepublik auszudehnen. Die westdeutsche Gesellschaft müsse ebenfalls durchleuchtet bzw., wie der Volksmund bereits sagte, »gegauckt« werden. Gauck begründete seine Forderung 1998 mit der Behauptung, in der (alten) Bundesrepublik seien zwischen 20 000 und 30 000 Stasi-Spitzel tätig gewesen, die allesamt versucht hätten, das demokratische System negativ zu beeinflussen oder gar zu stürzen.

Diese Verschwörungsideologie stellte eine bis dahin nie da gewesene Systemkritik von rechts dar und hatte eine fatale Ähnlichkeit mit dem antikommunistischen Verschwörungswahn Joseph McCarthys in den USA der 1950er-Jahre. Gauck, der wegen seines Eintretens gegen den Totalitarismus noch 1997 mit dem Hannah-Arendt-Preis für politisches Denken ausgezeichnet worden war, schien jetzt selbst eine totalitäre Denkweise angenommen zu haben. Dennoch ist ihm daraus zunächst kein Vorwurf gemacht worden. Hielt man eine Unterwanderung der gesamten Bundesrepublik und nachfolgende Gefährdung der freiheitlich demokratischen Grundordnung durch einige Tausend Stasi-Agenten wirklich für möglich? Offenbar ja, und dies allein zeigt, über welche Macht Gauck zu verfügen schien. Dabei hatte Gauck mit seiner verschwörungsideologischen Unterwanderungsthese nur gebluff, offensichtlich im Vertrauen auf den Inhalt der Akten des Auslandsgeheimdienstes der Stasi, dort würde man die Bestätigung für den Hinweis auf die 30 000 Stasi-Agenten und die allgemeine Unterwanderungsthese erhalten. Doch dies erwies sich als falsch und entstand folgendermaßen.

Die Akten des Auslandsgeheimdienstes der Stasi waren Anfang der 1990er-Jahre unter abenteuerlichen und bis heute nicht ganz aufgeklärten Umständen in den Besitz der CIA gelangt. Dort verblieben sie zunächst. Bitten deutscher Stellen auf Akteneinsicht sind oder sollen von den Amerikanern nicht entsprochen worden sein.[253] Offiziell sind diese Stasi-Akten erst 2003 dem Verfassungsschutz der Bundesrepublik übergeben worden. Doch dies in einer gereinigten und lückenhaften Form.[254] Die vom deutschen Verfassungsschutz so bezeichneten Rosenholz-Dateien umfassen 381 CD-ROMs, auf denen etwa 350 000 Datensätze gespeichert sind. Darunter sollen sich die Daten von etwa tausend bisher noch nicht enttarnten IMs der Stasi befinden, die im Westen gearbeitet bzw. dort spioniert haben.[255] Diese Angabe ist zwar noch nicht gesichert, weil die Birthler-Behörde sich bis heute nicht bereitgefunden hat, die gesamten Rosenholz-Dateien herauszugeben,[256] doch eins ist schon jetzt klar: 30 000 Agenten, wie Gauck meinte, sind eine ebenso überzogene Zahl wie auch von einer völligen

Unterwanderung der alten Bundesrepublik nicht ansatzweise gesprochen werden kann. Gaucks Verschwörungsideologie ist geplatzt.

Damit hat Gauck gleichzeitig den Sinn und Nutzen der von ihm geschaffenen und mit Recht auch nach ihm benannten Behörde infrage gestellt. Alles basiert auf dem negativen Mythos einer allmächtigen und immer noch allgegenwärtigen Stasi, der nichts verborgen geblieben sei und die insgeheim immer noch große Kontrolle ausübe. Der Erste, der sich weigerte, an diesen Mythos zu glauben und dem – im schlechtesten Sinne – Götzen Stasi zu gehorchen, war übrigens Helmut Kohl.

Als die Gauck-Behörde die von der Stasi über Helmut Kohl gesammelten Informationen der natürlich begierigen Öffentlichkeit freigeben wollte, verweigerte der Altkanzler seine Zustimmung und setzte seine Weigerung auch in allen Gerichtsverfahren bis hin zu dem vorm Bundesverwaltungsgericht ausgetragenen durch. Das ruhig noch einmal so zu nennende »Wahrheitsministerium« war damit endlich in seine Schranken gewiesen worden.

Von dieser gerichtlichen Niederlage hat sich die Behörde nicht wieder erholt. Hinzu kamen weitere Patzer, Peinlichkeiten und Skandale:[257] Seit Ende der 1990er-Jahre häuften sich die Klagen von Mitarbeitern über die unerträgliche Behandlung seitens ihrer Vorgesetzten. 2004 musste die Spitze des Amtes kleinlaut einräumen, es beschäftige immer noch über 50 ehemalige Stasi-Mitarbeiter. 2007 kam es dann zu einem besonders peinlichen Zwischenfall, der begründete Zweifel am Sachverstand der Führung und obersten Mitarbeiter der Behörde weckte: Der verdutzten Öffentlichkeit wurde der schon seit Jahren bekannte und inzwischen sogar in einem allgemein zugänglichen wissenschaftlichen Werk publizierte Schießbefehl der DDR-Grenztruppen als neuer und sensationeller Fund der Gauck- bzw. Birthler-Behörde präsentiert.

Wenn es zu weiteren Pannen dieser Art kommt, sind die Tage der Mammut-Behörde sicherlich gezählt.[258] Um die Arbeitsplätze, die dabei verloren gehen werden, ist es sicherlich schade, doch die daraus entstehenden sozialen Negativfolgen sind zu verkraften. Etwas anders verhält es sich mit der geschichtspolitischen Hinterlassenschaft der Gauck-Behörde. Sie ist schon jetzt äußerst groß, doch der wahre Umfang und die tatsächliche Bedeutung wird wohl erst in der Zukunft erkannt werden können. Immerhin hat sie selbst Geschichte gemacht und darüber hinaus eine Geschichtspolitik betrieben, die einen prägenden Einfluss auf das Bild nicht nur der Stasi, sondern der DDR generell ausgeübt hat – vor allem unter der Leitung von Joachim Gauck. Daher ist noch einmal danach zu fragen, was ihn zu diesem geschichtspolitischen Feldzug motiviert hat.

Wer Gaucks öffentliche Stellungnahmen verfolgte, vernahm, dass es ihm immer nur um die »Aufarbeitung« der Geschichte der DDR gegangen sei. Unter sie dürfe einfach »kein Schlussstrich« gezogen werden. Der »therapeutische Prozess« der offensichtlich auch psychologisch gemeinten »Aufarbeitung« müsse unbedingt fortgesetzt werden. »Nur so« könne »man lernen«. Und so weiter. Vordergründig war hier nur von der DDR die Rede. Faktisch ging es aber auch um die nationalsozialistische Vergangenheit. Davon zeugten bereits Begriffe und Metaphern wie »Aufarbeitung«, »kein Schlussstrich«, »therapeutischer Prozess« und (aus der Geschichte) »lernen« … Sie sind samt und sonders der Sprache entnommen, die bei der Aufarbeitung der Geschichte des Dritten Reiches verwendet worden ist. Den hier bereits sprachlich angedeuteten Vergleich zwischen DDR und Drittem Reich hat Gauck dann in seinem Aufsatz näher ausgeführt, den er zur deutschen Ausgabe des *Schwarzbuchs des Kommunismus* beigesteuert hat.[259]

Überschrieben ist dieser kurze, nur neun Seiten umfassende Aufsatz mit »Vom schwierigen Umgang mit der Wahrnehmung«. Gemeint ist wiederum die Wahrnehmung von der DDR. Sie habe »Defizite« aufgewiesen und sei »selektiv« gewesen, vor allem habe sie immer im Schatten der Wahrnehmung des Dritten Reiches gestanden, obwohl die DDR doch genauso »totalitär« gewesen sei wie das Dritte Reich. Das suchte Gauck in einem kurzen und sehr an der Oberfläche verharrenden

Vergleich zu beweisen, wobei er vor allem auf die »konkrete Herrschaftstechnik« (die »Ideologien« hielt er jedoch für unterschiedlich) der jeweiligen »staatsterroristischen Herrschaft« einging. Gemeint waren »die dienstbare Rolle des Rechts« und der »permanente Einsatz von Terror« durch den »Sicherheitsdienst« bei der »Ausmerzung alles Anderen«.

Spätestens hier hätte Gauck auf die rassenideologisch motivierte »Ausmerzung« der Juden und anderer Opfer des nationalsozialistischen Rassenstaates eingehen und gleichfalls einräumen müssen, dass gerade dieses Moment gegen jeglichen Vergleich zwischen Faschismus und Kommunismus im Allgemeinen, der DDR und dem Dritten Reich im Besonderen spricht. Weit gefehlt. Im gesamten Aufsatz mangelt es an einem Wort: Holocaust. Von Holocaust ist selbst dann nicht die Rede, wenn Gauck von den »gigantischen Menschheitsverbrechen« spricht, die »in diesem Jahrhundert« zu einem »Qualitätssprung ins Negative« geführt haben. Stattdessen beklagt Gauck in emphatischer Weise die »Verwüstung in den Seelen der Überlebenden«, welche die »totalitäre Herrschaft« angerichtet habe, womit offensichtlich wiederum die der DDR gemeint ist.

Gaucks energische Verteidigung der Totalitarismustheorie weist in einer eindrücklichen und ihm selbst vielleicht gar nicht bewussten Weise ihre eklatante Schwäche auf – die Unfähigkeit, den Holocaust zu erklären. Daher wirkt seine fast schon drohende Aufforderung an die Linken und Antifaschisten, sich dem »antitotalitären Konsens aller Demokraten« anzuschließen, auch so problematisch. Denn wenn dieser »antitotalitäre Konsens« meinen soll, die zentrale Bedeutung des Holocaust für unser Geschichtsbewusstsein zu relativieren oder gar zu verschweigen, dann kann er nicht viel, auf jeden Fall nicht viel Gutes beinhalten.

Und sosehr man Gaucks Verdammung des diktatorischen Systems in der DDR und seiner gleichzeitigen Lobpreisung der »Verdienste der parlamentarischen Demokratie« allgemein und mit besonderer Betonung der in der Bundesrepublik auch zustimmen mag, die »Überlegenheit der Demokratie« ist gerade durch die Tätigkeit der nach ihm benannten Behörde nicht hinreichend bewiesen worden. Man ist beinahe versucht zu sagen: Das Gegenteil trifft zu. Die von der Behörde und vor allem von Gauck selbst vertretene ungeheuerliche Verschwörungsideologie, wonach das gesamte demokratische System der Bundesrepublik von der Stasi unterwandert und unterhöhlt worden sei, hat das notwendige (und natürlich auch berechtigte) Vertrauen in dieses System und auf die freiheitlich demokratische Grundordnung nicht gerade gefestigt.

Gaucks Systemkritik von rechts wird jedoch noch von einem Mann übertroffen, der allen Ernstes behauptet, die Stasi-Unterwanderung hielte immer noch an, weshalb die antidemokratischen »Täter« nach wie vor »unter uns« ihr Unwesen treiben könnten. Abhilfe sei nur von ihm zu erwarten – von Hubertus Knabe, dem Großinquisitor aus Hohenschönhausen.

3.4 »Großinquisitor«

Für den *Spiegel* hat der Leiter der Gedenkstätte Hohenschönhausen »etwas Pastorales« an sich,[260] doch wirkt Hubertus Knabe auf mich eher wie ein Großinquisitor. Nicht nur wegen seiner äußeren Erscheinung und seiner betont leisen und an Kunstpausen reichen Sprache, die einen gewollten Kontrast zur Heftigkeit und Aggressivität seiner Anklagen dargestellt, entsteht ein solcher Eindruck, sondern auch wegen der politischen Aufgabe, der sich Knabe mit aufrichtig fanatischem Eifer widmet. Doch während die Großinquisitoren des ausgehenden Mittelalters und der Frühen Neuzeit Hexen, Ketzer und andere Vertreter des Bösen verfolgt und einer peinlichen Befragung unterzogen haben, jagt Knabe die Stasi und ihre bekannten und immer noch nicht entdeckten Agenten, die schon fast die gesamte Republik unterwandert haben sollen. Gegen diese teuflische Verschwörung wehrt er sich mit allen oder fast allen Mitteln und mit einem beinah pathologisch wirkenden

Eifer. Darin übertrifft Knabe all jene, die die DDR im Nachhinein ebenfalls dämonisieren, denn für ihn repräsentiert die DDR das Böse schlechthin. Wie kann man die DDR nur so hassen? Auch hier ist ein Blick auf die Biografie hilfreich.[261]

Hubertus Knabe ist 1959 in Unna geboren und in Mühlheim aufgewachsen. Sein Vater war der seinerzeit bekannte Grünen-Politiker Wilhelm Knabe, der für einige Zeit Sprecher der Partei war und sie zwischen 1987 und 1990 auch im Bundestag vertreten hat. Hubertus Knabe trat in die Fußstapfen seines Vaters und engagierte sich ebenfalls bei den Grünen, und zwar in Bremen, wo er 1978 zusammen mit einigen anderen Grünen ein lokales Komitee ins Leben rief, das sich für die Freilassung des damaligen DDR-Dissidenten Rudolf Bahro einsetzte. Dieser Aufgabe scheint sich der junge Hubertus Knabe mit besonderem Eifer gewidmet zu haben, schließlich kannte er, anders als viele seiner Altersgenossen und Mitstreiter, die DDR aus persönlicher Anschauung: von Besuchsreisen zu den Verwandten seiner Familie, die 1959 kurz vor seiner Geburt aus der Nähe von Dresden in die Bundesrepublik geflüchtet war. Dabei war er auch in Kontakt zu kirchlichen Kreisen gekommen, die selbst in Opposition zur Partei- und Staatsführung der DDR standen. Das fand Knabes uneingeschränkte Sympathie, weshalb er diese Oppositionellen, so weit ihm das möglich war, politisch und durch das Einschmuggeln unerlaubter Bücher und anderer Informationen unterstützte, was wiederum den, wie es hieß, Organen der DDR nicht verborgen blieb, die Hubertus Knabe 1980 ein Einreiseverbot aussprachen. Eine bemerkenswerte, aber für damalige Verhältnisse keineswegs ungewöhnliche Maßnahme, die für den erst zwanzig Jahre alten Knabe selbst jedoch eine ganz entscheidende und existenzielle Bedeutung hatte. Ein Jahr zuvor hatte er eine Theologiestudentin aus der DDR kennen- und lieben gelernt. Das junge Paar, das heiraten wollte, wurde nun all den Schikanen ausgesetzt, mit denen das Regime eine derartige »Familienzusammenführung« verhindern oder zumindest verzögern konnte. Dass Knabe darunter gelitten hat, ist verständlich und verdient volles Mitgefühl.[262]

Doch 1981 gaben die DDR-Behörden nach. Knabes Freundin durfte zusammen mit ihrem Kind in die Bundesrepublik ausreisen. Knabe startete daraufhin seinen ersten publizistischen Angriff gegen die DDR. 1982 veröffentlichte er unter dem Pseudonym Klaus Ehring beim Rowohlt-Verlag ein viel beachtetes Taschenbuch über die »Friedensbewegung in der DDR«.[263] Ein Jahr später beendete er sein Studium der Geschichte und Germanistik an der Uni Bremen, um nach einer kurzen Tätigkeit als Pressesprecher der Grünen in Bremen an die FU Berlin zu gehen, wo er mit einer Dissertation über *Umweltkonflikte im Sozialismus* promovierte. Diese Arbeit wurde aber erst 1993 veröffentlicht.[264] Vier Jahre zuvor, im Wende-Jahr 1989, war Knabe mit der wiederum bei Rowohlt publizierten Studie über *Aufbruch in eine andere DDR. Reformer und Oppositionelle zur Zukunft ihres Landes* hervorgetreten.[265]

Durch seine wissenschaftlichen und publizistischen Veröffentlichungen über die DDR hatte sich Knabe für seine neue feste Stelle in der Forschungsabteilung der Gauck-Behörde qualifiziert, die er 1992 antrat. Außerdem arbeitete er sich mit bemerkenswertem Eifer in sein neues Forschungsgebiet ein, das ihm schon aus eigenen leidvollen Erfahrungen bekannt war: allgemein die Stasi einerseits, ihre sogenannte Westarbeit andererseits. Darüber veröffentlichte er in schneller Folge neben verschiedenen Aufsätzen auch einige Bücher. Ihre verschwörungsideologische Tendenz und Zielrichtung geht bereits aus deren Titeln hervor: *West-Arbeit des MfS*; *Die unterwanderte Republik*; *Der diskrete Charme der DDR*.[266]

Diese Publikationen kann man durchaus als quellengesättigt bezeichnen, schließlich hatte Knabe als Mitarbeiter der Gauck-Behörde vollen Zugriff auf die Stasi-Akten.[267] Doch bei der Interpretation dieser Quellen haperte es. Hier kam dem Historiker Knabe immer wieder der Zeitzeuge und das vermeintliche oder tatsächliche Stasi-Opfer in die Quere. Knabe traute der Stasi einfach alles zu, selbst Dinge, die mit Akten kaum noch zu belegen waren. Die immer unkritischer werdende Interpretation und mehr als fantasievolle Auslegung der Quellen verleitete ihn zur Konstruktion von einer Verschwörungsideologie nach der anderen. Aus dem Historiker war ein Verschwörungsideologe mit gewissen neurotischen Zügen geworden.

Dies tat dem Erfolg seiner Bücher keinen Abbruch. Knabes These von der großen Unterwanderungs-Verschwörung traf den sensationslüsternen Nerv der Zeit. Diejenigen, die sich noch einen Rest an Rationalität und Skepsis bewahrt hatten, wurden mit dem Hinweis auf die damals noch in amerikanischer Hand befindlichen Rosenholz-Dateien zum Schweigen gebracht, welche die große Konspiration schon beweisen würden. Wie im Abschnitt über die Gauck-Behörde bereits erwähnt, erwies sich diese Behauptung als Trugschluss. Die Rosenholz-Dateien enthielten keine Protokolle der West-Verschwörung der Stasi. Es handelte sich um einen gezielten Bluff.

Joachim Gauck und seine Nachfolgerin im Amt, Marianne Birthler, scheinen dies ziemlich frühzeitig gewusst oder zumindest geahnt zu haben. Nur so ist zu erklären, dass sie sich vom Hauptvertreter dieser Ideologie, die ja auch die ihre gewesen war, distanzierten. Hubertus Knabe verlor das Wohlwollen seiner Vorgesetzten. 1999 wurde er von Joachim Gauck als Sachgebietsleiter abgesetzt. Rechte (vermutlich von Knabe selbst informierte) Kreise setzten Gerüchte über seine bevorstehende Entlassung in die Welt.[268] Knabe – so wollten es gewisse Insider in Erfahrung gebracht haben – habe gegen einige rechtliche Bestimmungen hinsichtlich der Verwendung von Stasi-Akten verstoßen. Hinzu kam der – auch öffentlich geäußerte – Vorwurf, seine Publikationen nicht im Hausverlag der Behörde publiziert zu haben.[269] Noch 2001 hat Marianne Birthler per einstweiliger Verfügung versucht, den Propyläen-Verlag zu zwingen, von der Herausgabe des Buches von Knabe über die *Stasi und Westmedien* abzusehen. Doch der Rechtsstreit war vergeblich und konnte Knabe schon deshalb nicht mehr treffen, weil er inzwischen mit dem Posten des Direktors der Gedenkstätte Hohenschönhausen für den Verlust der Stelle bei der Gauck-/Birthler-Behörde entschädigt worden war.

Sollten seine früheren Freunde und Förderer dem Gedanken erlegen sein, Knabe hiermit mundtot und im übertragenen und wörtlichen Sinne (dic Gedenksrätte Hohenschönhausen liegt weitab im äußersten Nordosten Berlins) abgeschoben zu haben, sahen sie sich getäuscht. Knabe nutzte nämlich dieses neue Amt dazu, sich und »seine« Gedenkstätte in der Öffentlichkeit erst recht bekannt zu machen – eine Leistung, die Respekt verdient.

Seine weitere und ständig steigende Medienpräsenz verdankte Knabe ferner der von ihm selbst und seinen Mitarbeitern und Bewunderern betriebenen Öffentlichkeitsarbeit. Knabe ist immer zur Stelle, wenn in den Medien irgendetwas zu DDR und Stasi gebracht wird, sei es positiv oder negativ. Seine erbetenen und unerbetenen Kommentare äußert er dabei keineswegs nur als Privatperson, sondern auch als Direktor besagter Gedenkstätte, die bald in aller Munde war, nachdem sie zuvor allenfalls einigen Interessierten und Experten bekannt gewesen war. Wie konnte Hubertus Knabe ein solches erreichen? Worum handelt es sich bei dieser Gedenkstätte überhaupt?[270]

Sie befindet sich im Berliner Bezirk Hohenschönhausen auf dem Gelände einer früheren Maschinenfabrik, wo sich während des Zweiten Weltkrieges ein Lager für Zwangsarbeiter und offenbar auch eines für Kriegsgefangene befunden haben. Ihre Insassen wurden von einer Großküche versorgt, welche die Nationalsozialistische Volkswohlfahrt in einem zweistöckigen Gebäude errichtet hatte.

Lager und Gebäude der NS-Volkswohlfahrt sind dann 1945 von der sowjetischen Besatzungsmacht übernommen worden, die hier eines ihrer Speziallager errichtete. Das in Hohenschönhausen trug die Nummer 3 und bestand bis Oktober 1946. Danach wurde das gesamte Objekt vom sowjetischen Volkskommissariat für innere Angelegenheiten (NKWD) genutzt, das hier so etwas wie ein Verhörzentrum unterhielt. Die Häftlinge – neben ehemaligen Nationalsozialisten politische Gegner der sowjetischen Administration und dann auch der gerade gegründeten DDR – wurden dabei in einigen unterirdischen Gebäuden und Räumen brutalen Foltermethoden unterworfen.

Das Ministerium für Staatssicherheit (MfS) der DDR übernahm 1951 das NKWD-Gefängnis und baute es mithilfe von Gefangenen, die in einem eigens zu diesem Zweck gegründeten Arbeitslager X untergebracht waren, zur zentralen Untersuchungshaftanstalt der Stasi aus.[271] Der gesamte Neubau enthielt nach Fertigstellung über 200 Zellen und Vernehmungszimmer und weitere Büroräume und Werkstätten. In den umliegenden Gebäuden und Straßen wurden zusätzliche Abteilungen des MfS untergebracht. Dies führte dazu, dass fast das gesamte Viertel zum Sperrgebiet erklärt wurde, das neben den Angehörigen der Stasi nur noch die wenigen verbliebenen Anwohner betreten durften.[272] Damit es gar nicht erst aufgefunden wurde, wurde das gesamte Areal von den Stadtplänen eliminiert. Hohenschönhausen war so etwas wie ein weißer Fleck auf der Landkarte bzw. auf dem Stadtplan.[273]

Das war offensichtlich der Grund, weshalb Hohenschönhausen nicht wie das Hauptquartier der Stasi in der Normannenstraße während der friedlichen Revolution des Jahres 1989 gestürmt oder überhaupt besetzt worden ist. Das Stasi-Gefängnis wurde dann vom Ministerium des Innern der noch bestehenden DDR übernommen und schließlich am 2. Oktober 1990, nachdem alle politischen Gefangenen entlassen worden waren, der (West-)Berliner Justizverwaltung überstellt. Zu diesem Zeitpunkt scheint die historische Bedeutung dieses Ortes kaum jemandem bekannt gewesen zu sein, worauf schon der zunächst verfolgte Plan hindeutet, aus dem Stasi- ein ganz normales Gefängnis zu machen. Es wird sogar vermutet, dass er ansatzweise schon realisiert wurde.

Dann wurde Hohenschönhausen letztendlich doch unter Denkmalschutz gestellt und beschlossen, an diesem Ort eine Gedenkstätte zu errichten. Die Umsetzung dieses Beschlusses ließ allerdings auf sich warten. Erst 2001 wurde der neue Direktor der Gedenkstätte, Hubertus Knabe, damit beauftragt, diese auszubauen bzw. überhaupt erst zu errichten – in Form einer

Ausstellung über die unterschiedliche Geschichte der Gebäude und ihrer ebenso unterschiedlichen Nutzung. Das hätte jedoch eine gründliche Erforschung vorausgesetzt, die bis dahin, ja bis heute nicht vorliegt.

Knabe entschied sich anders und begnügte sich damit, den Besuchern die Gebäude so vorzuführen, wie sie nach dem Auszug der Stasi verblieben waren.[274] Hierbei wurden keine pädagogisch ausgebildeten und geschulten Mitarbeiter, sondern ehemalige Häftlinge eingesetzt, die Führungen veranstalteten, bei denen sie keineswegs nur über ihre eigenen Erlebnisse berichteten, sondern in die Rolle ihrer ehemaligen Bewacher und Vernehmer schlüpften und vorführten, was sich hier alles ereignet hat oder haben soll. Das geschah teilweise sehr drastisch, wobei auf Brüllen und Schreien nicht verzichtet wurde. Es wird sogar berichtet, dass einige Besucher, darunter junge Schüler und Schülerinnen, für einige Zeit in die Zellen eingesperrt worden sind. Einige ihrer Eltern hießen das weniger gut und beschwerten sich über diese mehr als merkwürdige Gedenkstättenpädagogik, über welche Leiter und Mitarbeiter anderer Gedenkstätten nur verständnislos den Kopf schüttelten.[275]

Journalisten fanden dann heraus, dass sich einige der früheren Häftlinge und jetzigen Stasi-Laienschauspieler in rechtsradikalen Organisationen betätigten,[276] wodurch wiederum die zuständigen Berliner Kulturpolitiker auf die Zustände in der Gedenkstätte Hohenschönhausen aufmerksam wurden. Sie stellten sichtlich überrascht fest, dass Knabe so gut wie keine der ihm erteilten Aufgaben erfüllt hatte. Die Erforschung Hohenschönhausens und die Gestaltung einer echten Ausstellung war noch nicht einmal in Angriff genommen worden.[277] Knabe selbst stand in der Kritik, vermochte es aber, diese immer wieder abzuwehren.

Zur Hilfe kam ihm dabei das dummdreiste Verhalten einiger ehemaliger Mitarbeiter der Stasi, die es für geboten hielten, ihre völlig unsachliche Kritik an Knabes Gedenkstättenpraxis öffentlich zu artikulieren. Das taten sie keineswegs nur schriftlich, sondern auch mündlich und vor laufenden Kameras als

Besucher der Gedenkstätte und Teilnehmer an einigen von der Gedenkstätte organisierten Veranstaltungen, auf denen sie in zynischer Weise darauf hinwiesen, dass Hohenschönhausen ein ganz normaler Knast und eben kein Sanatorium gewesen sei.

Dass selbst hohe Offiziere der ehemaligen Stasi unter Nennung ihres Namens und Ranges es wagten, so gegen Knabe vorzugehen, wurde als Skandal empfunden und von Knabe selbst entsprechend ausgeschlachtet. Knabe sah sich dadurch nicht nur in seinem Gedenkstättenkonzept, sondern auch in seinem immer wieder erneut vorgetragenen Verdacht bestätigt, ehemalige Stasi-Kader im Verein mit sonstigen DDR-Nostalgikern wollten die dringend gebotene Aufklärung der Verbrechen der totalitären »SED-Diktatur« verhindern, wobei sie sich der politischen Schützenhilfe der PDS/Die Linke und anderer unbelehrbarer Linker sicher sein könnten.[278]

In der Fußballsprache nennt man so etwas eine Steilvorlage, die es Knabe ermöglichte, ein Tor nach dem anderen zu schießen, einen öffentlichkeitswirksamen Coup nach dem anderen zu erzielen. Alles nutzte seiner, der Gedenkstätte Hohenschönhausen. Sie wurde in ihrer jetzigen und genau genommen unausgereiften und problematischen Gestalt für sakrosankt erklärt. Ihr Besuch wurde zum absoluten demokratischen oder vielmehr antitotalitären Muss erklärt. Ihm beugten sich nach und nach immer mehr hohe und höchste Politiker bis hinauf zum Bundespräsidenten Horst Köhler, der Hohenschönhausen im November 2006 besuchte – natürlich vor laufenden Kameras und im Beisein des darob sichtbar erfreuten Hubertus Knabe.

Seine ständige und sich immer noch steigernde Medienpräsenz nützte Knabe ferner dazu aus, all das mit scharfen Worten zu geißeln, was seiner Meinung nach zu einer rückwirkenden Verharmlosung der untergegangenen DDR beitragen könnte. Kaum etwas schien seinen scharfen Augen zu entgehen, seien das Wiederholungen von Unterhaltungssendungen des DDR-Fernsehens durch einige Anstalten der ARD (vor allem des Mitteldeutschen Rundfunks) oder das Auftreten von ehemaligen Stars der DDR wie der Eiskunstläuferin Katarina Witt.

Diese Augen erfassten selbst neue, völlig harmlose Filme über die DDR mit einem lustigen Ansatz wie *Good Bye, Lenin!*. All das sei, erklärte Knabe düster und in der fanatischen Pose eines Großinquisitors, nur der Beweis dafür, dass der »antitotalitäre Konsens brüchig« geworden und »die DDR an Schrecken verloren« habe.[279]

Da dies nicht sein dürfe, bemühte sich Knabe persönlich darum, den »Schrecken« der DDR möglichst noch zu vergrößern, indem er weitere Sachbücher über und gegen die DDR verfasste,[280] darunter ein Buch über den 17. Juni 1953, der für Knabe ein »deutscher Aufstand« war.[281] Eine mögliche Perspektive. Problematisch war dagegen das 2005 ebenfalls bei Propyläen veröffentlichte Buch über das »Kriegsende in Ostdeutschland«, in dem Knabe in bewegten Worten das Leid der deutschen Zivilbevölkerung (vor allem der vergewaltigten Frauen) beschrieb und zugleich heftig gegen die Charakterisierung des 8. Mai 1945 als »Tag der Befreiung« polemisierte.[282]

Diese in der DDR von Anfang an gängige Bezeichnung ist in der Bundesrepublik erstmals 1985 in der großen Rede des damaligen Bundespräsidenten Richard von Weizsäcker verwendet worden. Unumstritten war sie nicht, schließlich ist der 8. Mai 1945 von vielen Zeitgenossen nicht als persönliche Befreiung empfunden worden, vor allem nicht von den vielen Frauen und Mädchen, die damals von Vertretern aus den Reihen der sowjetischen Sieger vergewaltigt worden sind. Und dennoch hatte Richard von Weizsäcker mit seinem Hinweis darauf recht, dass der 8. Mai 1945 eben nicht nur die Niederlage der Deutschen, sondern auch ihre Befreiung vom nationalsozialistischen Faschismus bedeutete. So ist von Weizsäckers Wendung damals – 1985 – auch verstanden worden und galt und gilt bis heute als Beweis dafür, dass spätestens von diesem Zeitpunkt an die Aufarbeitung der nationalsozialistischen Vergangenheit im Zentrum des kollektiven Bewusstseins und der historisch-politischen Kultur der Deutschen stand und bis heute steht.

Doch darin besteht der Dorn in Hubertus Knabes Auge. Er wendet sich gegen die Sonderstellung der nationalsozialistischen und will eine Gleichstellung mit der realsozialistischen Vergangenheit erreichen. Die »kommunistische Diktatur« müsse »den Deutschen ähnlich präsent« sein und gemacht werden »wie das verbrecherische Regime der Nationalsozialisten«.[283] Diese von Knabe wiederholt vorgetragene vergangenheitspolitische Forderung[284] impliziert jedoch eine weitgehende Gleichstellung von DDR und Drittem Reich, für die wiederum bestimmte gegenwartspolitische Interessen maßgebend sind: die rücksichtslose Bekämpfung der Partei Die Linke. Dieser und ihren zahllosen Parteigängern und Helfershelfern sei es schließlich bereits gelungen, nicht nur die vergangene DDR schönzureden, sondern auch die gegenwärtige Bundesrepublik zu unterwandern, wobei man sich der Hilfe der immer noch aktiven alten Stasi-Kader bediene. Diese aktuellen politischen Zielsetzungen wurden keineswegs von allen gutgeheißen. Sein Buch *Die Täter sind unter uns*, in dem er seine Verschwörungsideologie noch einmal lang und breit auffächerte, wurde mehr oder minder einhellig gnadenlos verrissen.

Anders verhielt und verhält es sich mit Knabes Intention. Seine Forderung nach einer vergangenheitspolitischen Gleichbehandlung von DDR und Drittem Reich machte sich Kulturstaatsminister Bernd Neumann zu eigen, der im Juli 2007 ein Gedenkstättenkonzept vorlegte, in dem ein weiterer Ausbau der Gedenkstätten gefordert wurde, die an die DDR erinnern. Das Gedenken an die DDR sollte den gleichen Stellenwert erhalten wie das an das Dritte Reich. Doch nachdem dieses Konzept auf die scharfe Kritik vor allem jüdischer Organisationen im In- und Ausland gestoßen war, wurde es leicht abgemildert. In einem neuen Entwurf, der am 18. Juni 2008 vom Kabinett gebilligt wurde, ist von einem finanzpolitischen Erinnerungsschlüssel von eins zu drei die Rede. Ein Drittel der finanziellen Mittel, welche der Bund für die Gedenkstätten zur Verfügung stellen will, sollen an die bisherigen und neuen DDR-Gedenkstätten gehen; die restlichen zwei Drittel verbleiben dagegen den NS-Gedenkorten.

Mit diesem, wie es hieß, »Meilenstein der Erinnerungsarbeit« könnte Hubertus Knabe mehr als zufrieden sein. Er ist es dennoch nicht. In einem Interview mit dem Deutschlandfunk vom 18. Juni 2008 beklagte er die, so wörtlich, »Diktaturen-konkurrenz«, um daran die nun wirklich zynische und absolut nicht hinnehmbare Bemerkung anzuschließen: »... wer hat mehr Tote zu bieten, der bekommt mehr Finanzmittel.«[285] Wer so etwas zu sagen wagt, hat offensichtlich kaum etwas begriffen – auf jeden Fall nicht, was Aufarbeitung der Vergangenheit bedeutet und bedeuten muss.

»Zweite deutsche Diktatur«

Zusammenfassung

Die DDR war unzweifelhaft deutsch und mit Sicherheit auch eine Diktatur – aber keine »zweite deutsche Diktatur«, die mit der faschistischen zu vergleichen oder gar gleichzusetzen ist. Anderslautende Bekundungen sind bisher nicht bewiesen worden. Weder durch einen empirischen Vergleich beider Regime noch durch eine Theorie, die das zu Vergleichende auf den Begriff bringt, denn die in diesem Zusammenhang verwendeten, aber schon lange Zeit vorher entwickelten Begriffe und Theorien haben sich als unzureichend erwiesen. Dies gilt zunächst für die Totalitarismustheorien, die empirisch nicht nachgewiesen werden konnten, und darüber hinaus für den Extremismusbegriff, der ein Phänomen – den Extremismus – charakterisieren soll, das real nicht existent ist. Beim Totalitarismus handelt es sich also vielmehr um eine Doktrin als um eine Theorie, und Extremismus ist schlicht und einfach eine Legende.

Der ideologische Charakter der Totalitarismusdoktrin und der Extremismuslegende wurde aber lange Zeit nicht erkannt, weil Totalitarismus und Extremismus den Kerngehalt der Staatsideologie der Bundesrepublik bildeten, mit der sie sich zumindest formal von der faschistischen Vergangenheit und weit mehr noch von der kommunistischen Gegenwart in Gestalt der als totalitär begriffenen DDR abgrenzen konnte. Im Zuge der Entspannungspolitik und als Folge der 68er-Bewegung veränderte sich diese Haltung, die Totalitarismustheorien wurden überwunden und kamen weder in der Nationalsozialismus- noch in der Kommunismusforschung kaum mehr zur Anwendung. Die DDR wurde politisch anerkannt und nicht länger als totalitär, sondern lediglich noch als autoritär bezeichnet.

Doch nach dem Untergang der DDR wurde versucht, diese Veränderungen wieder rückgängig zu machen. Die bereits als obsolet angesehenen Totalitarismustheorien wurden reaktiviert, die DDR reüssierte als totalitäres Gebilde und wurde mit dem Dritten Reich verglichen – jedoch verstärkt in der Öffentlichkeit und nicht so sehr innerhalb der Wissenschaft.

Die etwas voreilig verkündete Renaissance der Totalitarismustheorien blieb nicht unwidersprochen. Ihre Anwendung auf die DDR stieß sogar auf Kritik, zumal man sich allein auf die alten, vorhandenen stützte und versäumte, neue und der DDR angepasste zu entwickeln. Die sogenannten Makrovergleiche von DDR und Drittem Reich stießen dagegen auf unüberwindbare Grenzen; gemeint sind Holocaust und Weltkrieg, zu denen es keine Äquivalente in der DDR gegeben hat. Von diesen Makroverbrechen, die viele für singulär halten, kann auch bei den als solchen bezeichneten Mikrovergleichen nicht einfach abstrahiert werden. Hinzu kommt, dass sich DDR und Drittes Reich auch in einzelnen Bereichen der Politik wesentlich unterschieden, was insbesondere für die Speziallager und die Stasi gilt, die kaum mit den Konzentrationslagern und der Gestapo zu vergleichen sind.

Dass die DDR dennoch weiterhin ihr totalitäres Attribut behielt und mit dem Dritten Reich verglichen wurde und immer noch wird, war und ist wissenschaftlich nicht begründet, sondern das Ergebnis intensiv betriebener Geschichtspolitik bestimmter Institutionen und Personen. Exemplarisch gelten die Enquetekommission des Deutschen Bundestages, der Forschungsverbund SED-Staat an der FU Berlin, die sogenannte Gauck-Behörde und die von Hubertus Knabe geleitete (Stasi-) Gedenkstätte Berlin-Hohenschönhausen.

Allen gemeinsam war das Bestreben, die DDR als totalitär zu klassifizieren und diese negative Charakterisierung als allgemeingültiges Prinzip durchzusetzen. Die damit verbundene weitgehende Gleichsetzung mit dem Dritten Reich intendierte die Dämonisierung der DDR. Einige Personen, zu nennen sind vor allem Joachim Gauck und Hubertus Knabe, nahmen dieses Bestreben sogar wörtlich, war die DDR für sie doch das Böse schlechthin, das sie mit möglichst allen zu Gebote stehenden Mitteln und mit einem geradezu fanatischen Eifer austreiben wollten. Einem regelrechten Exorzismus sollte nach dem Willen von Joachim Gauck die gesamte Bevölkerung der ehemaligen DDR unterworfen werden. Nur durch einen solchen, wie Gauck formulierte, »therapeutischen Prozess« sei Heilung zu erwarten. Doch die Ergebnisse, es sei nochmals explizit genannt, der Teufelsaustreibung standen in keinem Verhältnis zum betriebenen Aufwand. Zwar wurden 100 000 Strafanzeigen gegen tatsächliche oder nur vermutete Mitarbeiter der Stasi gestellt, aber nur 30 000 Ermittlungsverfahren eröffnet – verurteilt werden konnten schließlich nur 20 ehemalige DDR-Bürger.

Statt diesen ihren Misserfolg anzuerkennen (oder sich gar bei denjenigen zu entschuldigen, die fälschlich der Zusammenarbeit mit der Stasi beschuldigt worden waren), gingen Gauck und die übrigen Stasi-Exorzisten gewissermaßen in die Offensive und forderten die Überprüfung auch der westdeutschen Bevölkerung, die in gleicher Weise »gegauckt« werden sollte wie die ostdeutsche, und zwar mit der Behauptung, es habe im Westen 20- bis 30 000 Stasi-Agenten gegeben (und gebe es zum Teil auch heute noch), die das gesamte politische System der alten und selbst der neuen Bundesrepublik unterwandert und ihren demokratischen Bestand unterhöhlt hätten.

Diese Verschwörungsideologie, die neben Gauck auch vom Leiter des Forschungsverbundes SED-Staat, Klaus Schroeder, und vor allem von Hubertus Knabe vertreten wurde (in jüngeren Publikationen desselbigen immer noch vertreten wird), wurde mit dem Hinweis auf Akten des Auslandsgeheimdienstes der Stasi begründet. Auf verschlungenen dunklen Wegen waren diese in den Besitz der amerikanischen CIA gelangt und wurden erst 2003 dem deutschen Verfassungsschutz übergeben, der ihnen den Decknamen Rosenholz-Dateien gab. Ihre vorgeblich immer noch nicht beendete Durchsicht ergab jedoch, von der großen Stasi-Verschwörung innerhalb der und gegen die

Bundesrepublik kann keine Rede sein. Man nimmt heute an, dass es maximal tausend Stasi-Agenten gegeben hat. Dieser immens große Bluff hat jedoch die demokratische Struktur und Verfasstheit der Bundesrepublik in einer nie da gewesenen Weise bedroht. Diese Systemkritik von rechts hat die 1968 folgende von links betriebene weit übertroffen. Linken und rechten Verschwörungsideologen zum Trotz ist die Bundesrepublik jedoch weder faschisiert noch stasifiziert worden.

Die Ideologie von der großen Stasi-Verschwörung wirft zugleich ein mehr als negatives Licht auf die sonstigen gegenwartspolitischen Ziele, die mit und durch die Dämonisierung der DDR erreicht werden sollen. Vordergründig und formal geht es um die parteipolitische Bekämpfung der Partei Die Linke, die als Nachfolgepartei der Staatspartei der totalitären DDR in die linksextremistische Ecke gedrängt wird. Tatsächlich stellt sich auch hier die Frage, ob der demokratische Bestand der Bundesrepublik nicht auch, ja vielleicht sogar noch mehr von oben und aus der Mitte der Gesellschaft heraus als von irgendwelchen linken oder rechten extremistischen Rändern bedroht wird. Das völlig unverantwortliche verschwörungsideologische Gerede von der durch die Stasi »unterwanderten Republik« (Hubertus Knabe) und den (Stasi-)»Tätern«, die immer »noch unter uns« sein sollen (so wiederum Hubertus Knabe), könnte sich durchaus zu einer antidemokratischen Dolchstoßlegende entwickeln.

Doch dies ist noch nicht alles. Die Kritik muss radikaler sein, d. h. an die Wurzeln gehen. Die wirklichen Gefahren und Probleme liegen keineswegs nur an der gegenwartspolitischen Oberfläche, sondern sind auch im vergangenheitspolitischen Untergrund zu suchen.

Im Zentrum der (west-)deutschen Vergangenheitspolitik stand eindeutig die nationalsozialistische Vergangenheit, die allen Klagen zum Trotz eben nicht verging (Ernst Nolte), sondern zwar relativ spät, aber dann umso intensiver aufgearbeitet wurde, was ebenso große gegenwartspolitische Auswirkungen hatte – fast alle gegenwartspolitischen Diskussionen standen mit vergangenheitspolitischen Diskursen über den Nationalsozialismus in Verbindung. Daran hat sich nach der Wiedervereinigung zunächst nicht viel geändert. Sollte es aber nach dem Willen einiger rechter Geschichtspolitiker gehen, wäre endlich der schon lange geforderte Schlussstrich unter die nationalsozialistische Vergangenheit und ihre immer noch anhaltende Aufarbeitung längst gezogen. Unterstützung und Verstärkung haben diese rechten Geschichtspolitiker durch die DDR-Dämonisierer erhalten, die eine möglichst gleichwertige Behandlung der und Erinnerung an die »zweite deutsche Diktatur« fordern.

»Erst wenn die kommunistische Diktatur den Deutschen so präsent ist wie das Verbrechensregime der Nationalsozialisten, ist die Aufarbeitung gelungen«, meint Hubertus Knabe. Diese geschichtspolitische Forderung wird abermals ideologisch begründet und von Joachim Gauck und vielen anderen zum »antitotalitären Konsens aller Demokraten« hochstilisiert. Was damit gemeint ist, hat Klaus Schroeder deutlich ausgesprochen. Er fordert eine »gleichzeitige Erinnerung an beide Diktaturen« mit der Behauptung, nur so könne ein »freiheitlich-demokratisches Gemeinwesen (…) konstituiert« werden.

Dies entspricht zwar der formal antitotalitären, in Wirklichkeit jedoch primär antikommunistischen Staatsideologie der (alten) Bundesrepublik, ist aber gleichzeitig nur durch eine Relativierung des Dritten Reiches zu erreichen, aus dessen Schatten man immer wieder heraustreten wollte. Tatsächlich ist dies auch immer wieder versucht worden, unter anderem von Ernst Nolte, der während des Historikerstreits aufrechnende Vergleiche zwischen Hitler und Stalin gezogen hatte. Der amerikanische Historiker Peter Gay hat darin eine »trivialization by comparison« gesehen. Eine weitaus schlimmere vergleichende Verharmlosung stellt jedoch der Vergleich der DDR mit dem Dritten Reich dar. So muss die vergleichende Dämonisierung der DDR doch unweigerlich zu einer zumindest indirekten Relativierung der Schrecken des Dritten Reiches führen, für die Auschwitz zum Synonym geworden ist – denn wenn das

Dritte Reich wirklich so wie die DDR gewesen sein soll, dann kann es einfach nicht so schlecht gewesen sein.

Diese implizite Relativierung spielt zudem denen in die Hände, die nach einer direkten Relativierung des Dritten Reichs streben: Hatte es nicht auch gute Seiten, beispielsweise die Autobahn? Wurden die Mütter nicht noch geehrt, so mit Auszeichnungen wie dem Mutterkreuz? Hat das so moderne Dritte Reich nicht doch eine progressive Sozialpolitik betrieben? Auf diese keineswegs nur in der Öffentlichkeit, sondern auch in Teilen der Geschichtswissenschaft gestellten und positiv beantworteten Fragen, folgen wiederum Fragen an die DDR und Vergleiche mit ihr, die allesamt negativ ausfallen: Was war der Urlaub im staatseigenen Gewerkschaftsheim an der Ostsee gegen eine Madeira-Fahrt auf einem nationalsozialistischen Kraft-durch-Freude-Schiff? Und konnte der Trabi dem nationalsozialistischen Kraft-durch-Freude-Wagen, dem späteren Volkswagen, Paroli bieten? Kurz und prägnant: Je besser das Dritte Reich gemacht wird, umso schlechter erscheint die DDR – und umgekehrt.

Die vergleichende Dämonisierung der DDR dient jedoch noch einem weiteren vergangenheitspolitischen Ziel: der immer stärker um sich greifenden Täter-Opfer-Umkehrung. Dabei werden aus den Deutschen, von denen nicht alle, aber viele Täter waren, erbarmungswürdige Opfer gemacht: Opfer des Krieges, vor allem des Bombenkrieges (mit dem bekanntlich die Deutschen begonnen haben), sowie der Flucht und Vertreibung (nach und wegen eines von Deutschland begonnenen Krieges). Und jetzt sollen die Deutschen, vor allem die im Osten, auch noch Opfer der »zweiten deutschen Diktatur« gewesen sein. So viel Opfer war nie!

Dieser neue Opfer-Diskurs, der der Nacht gleicht, in der alle Katzen grau sind, wird am besten und eindrücklichsten im neuen Nationaldenkmal der Deutschen zum Ausdruck gebracht. Gemeint ist die Neue Wache in Berlin, ist dieses, wie es auch offiziell heißt, Nationaldenkmal doch den »Opfern von Krieg und Gewaltherrschaft« gewidmet. Unter »Krieg« wird sowohl der verbrecherische Angriffskrieg der Deutschen wie der von seinen Opfern geführte legitime Verteidigungskrieg verstanden. Mit »Opfern« sind sowohl die von Deutschen ermordeten Juden (engl. *victims*) wie diejenigen Deutschen gemeint, die sich »für Führer, Volk und Vaterland« geopfert haben und im Englischen *sacrifices* genannt werden. »Gewaltherrschaft« bezieht sich sowohl auf die nationalsozialistische wie auch die der DDR.

Na bitte, bleibt da nur zu sagen. Die Deutschen ein einig Volk von Opfern! Und was ist mit den echten Opfern, wie beispielsweise den Juden? Sicher, man gedenkt ihrer – noch. Allerdings tut man dies in ähnlicher Form und in gemeinsamer Weise wie der deutschen »Opfer«. Von der vor zwanzig Jahren während des Historikerstreits so erbittert gegen die Angriffe Ernst Noltes verteidigten These von der Singularität des Holocaust ist kaum noch was zu hören. Insgesamt scheint es zu einem vergangenheitspolitischen Paradigmenwechsel gekommen zu sein. Die vergleichende Dämonisierung der DDR und die damit einhergehende vergleichende Relativierung des Dritten Reiches ist Beweis und Teil dieses Paradigmenwechsels. Das vereinte Deutschland befindet sich auf einem neuen vergangenheitspolitischen Irrweg, der sich als äußerst gefährlich erweisen kann, wenn er nicht aufhört, beschritten zu werden.

Die vorliegende Streitschrift möchte zur Neuorientierung beitragen. Vor allem aber soll sie zu einem gerechteren Umgang mit der DDR anregen. Um es noch einmal zu sagen, und einer bestimmten Klientel von DDR-Nostalgikern ins Stammbuch zu schreiben: Die DDR war unzweifelhaft eine Diktatur und mit Sicherheit kein Rechtsstaat, doch ebenso wenig war sie eine totalitäre und mit dem nationalsozialistischen Unrechtsstaat zu vergleichende »zweite Diktatur«. Dies kommt einer Dämoni-. sierung der DDR gleich, die wiederum mit einer Relativierung des Dritten Reiches verbunden ist. Dämonisierung der DDR und Relativierung des Dritten Reiches sind dabei zwei Seiten des gleichen geschichtspolitischen Revisionismus.

Anmerkungen

1 Mechthild Küpper: »Kabinett beschließt Gedenkstättenkonzept«. In: *Frankfurter Allgemeine Zeitung*, 18.6.2008.

2 Die Veränderung erfolgte wegen des Einspruchs des Zentralrats der Juden in Deutschland und einiger anderer in- und ausländischer jüdischer Organisationen.

3 Der amerikanische Historiker Peter Gay hatte bereits angesichts Ernst Noltes aufrechnenden Vergleichen zwischen Auschwitz und Gulag von einer »trivialization by comparison« gesprochen. Vgl. Peter Gay: *Freud, Juden und andere Deutsche. Herren und Opfer in der modernen Kultur.* dtv, München 1989. S. 14ff. Der Vergleich DDR – Drittes Reich stellt m. E. eine weitaus bedenklichere »vergleichende Verharmlosung« dar.

4 Das hat die in Sachsen regierende CDU jedoch nicht daran gehindert, in Dresden ein nach Hannah Arendt benanntes Institut für Totalitarismusforschung zu gründen, das sich vornehmlich mit der totalitären DDR beschäftigt. Zu den wenigen Forschern, die bereitwillig zugaben, man könne sich dabei keineswegs auf Hannah Arendt berufen, gehörte der erste, bald schon geschasste Direktor dieses Instituts, Klaus-Dietmar Henke.

5 Erstaunlicherweise liegen nur wenige ideologiekritische Untersuchungen zum Thema vor. Die wichtigsten sind: Ludwig Elm: »Zum Beispiel DDR – totalitär und stalinistisch? Anmerkungen zu Herkunft und Differenzierung der Totalitarismus-Konzeption sowie ihrer erneuten politischen Instrumentalisierung«. Rosa-Luxemburg-Stiftung Thüringen e. V., Jena 2004; Karl Heinz Roth: *Geschichtsrevisionismus. Die Wiedergeburt der Totalitarismustheorie.* Konkret Literatur, Hamburg 1999; Michael Schöngarth: *Die Totalitarismusdiskussion in der neuen Bundesrepublik 1990 bis 1995.* Papyrossa, Köln 1996. Ich stützte mich im Folgenden auch auf meine eigenen im Literaturverzeichnis aufgeführten Publikationen über bzw. gegen die Totalitarismustheorie (und für den alternativen generischen Faschismusbegriff), den Antikommunismus und die deutsche Vergangenheitspolitik seit dem Historikerstreit.

6 Tatsächlich nutzt ein solches Vorgehen der Partei Die Linke mehr, als es ihr schadet, was mich persönlich ärgert, weil ich dieser Partei weder angehöre noch mit ihr sympathisiere.

7 Zitiert nach: Jens Petersen: »Die Entstehung des Totalitarismusbegriffs in Italien«. In: Manfred Funke (Hrsg.): *Totalitarismus. Ein Studien-Reader zur Herrschaftsanalyse moderner Diktaturen.* Droste, Düsseldorf 1978. S. 105–128.

8 Dies auch deshalb, weil Amendola es unterlassen hatte, den Neologismus *totalitario* näher zu definieren. *Totalitario* bzw. wie die durchaus zutreffende deutsche Übersetzung »totalitär« lautet, ist nämlich keineswegs gleichbedeutend mit »total«. Ein »totalitärer« gleicht sich einem »totalen Staat« nur an. Doch wie weit dies

der Fall ist oder vielmehr der Definition nach sein muss, ist auch in den späteren Totalitarismustheorien nicht genau bestimmt worden.

9   Gemeint war die parlamentarische Demokratie, die damit zum positiven und nicht weiter hinterfragbaren Gegenbild des negativen Totalitarismus avancierte. Dieses Moment ist auch in allen anderen Totalitarismustheorien anzutreffen, die die parlamentarische Demokratie gegen alle Kritik in Schutz nehmen, weil dieses politische System noch immer besser sei als das totalitäre.

10 Francesco Nitti: *Bolschewismus, Fascismus und Demokratie*. Hafstaengel, München 1926. S. 53.

11 Diese Rechts-Links-Verschränkung ist das dritte und zugleich entscheidende Definitionskriterium des Totalitarismus. Demnach kann ein Regime erst dann als totalitär bezeichnet werden, wenn es Ähnlichkeiten und Gemeinsamkeiten sowohl mit faschistischen als auch kommunistischen Staatsformen aufweist. Doch welche das sind oder sein müssen, ist erst in den späteren Totalitarismustheorien näher ausgeführt und bestimmt worden.

12 Luigi Sturzo: *Italien und der Fascismus*. Gilde, Köln 1926. S. 225.

13 Richtig ist allenfalls die Behauptung, dass sich Faschismus und Kommunismus gegen die parlamentarische Demokratie gewandt haben. Dies taten sie aber aus anderen Gründen und mit anderen Zielen.

14 Diese Meinung vertrat übrigens auch Hannah Arendt, die in ihrem noch zu behandelnden Standardwerk *Elemente und Ursprünge totaler Herrschaft* das faschistische Italien ausdrücklich nicht als totalitär bezeichnet hat.

15 Die wichtigsten Überblicke und Sammelwerke sind: Bruno Seidel und Siegfried Jenkner (Hrsg.): *Wege der Totalitarismus-Forschung*. Wissenschaftliche Buchgesellschaft, Darmstadt 1968; Martin Jänicke: *Totalitäre Herrschaft: Anatomie eines politischen Begriffes*. Duncker und Humblot, Berlin 1971; Walter Schlangen: *Die Totalitarismus-Theorie. Entwicklung und Probleme*. Kohlhammer, Stuttgart 1976; Manfred Funke (Hrsg.): *Totalitarismus*; Abbot Gleason: *Totalitarianism. The Inner History of the Cold War*. Oxford University Press, New York 1995; Eckhard Jesse (Hrsg.): *Totalitarismus im 20. Jahrhundert: eine Bilanz der internationalen Forschung*. Bundeszentrale für politische Bildung, Bonn 1996; Hans Maier (Hrsg.): *Totalitarismus und politische Religionen. Konzepte des Diktaturvergleichs*. Schöningh, Paderborn 1996.

16 Ich stütze mich im Folgenden auf meine eigene Veröffentlichung: Wolfgang Wippermann: *Totalitarismustheorien. Die Entwicklung der Diskussion von den Anfängen bis heute*. Wissenschaftliche Buchgesellschaft, Darmstadt 1997.

17 Dazu: Wolfgang Wippermann: *Die Bonapartismustheorie von Marx und Engels*. Klett-Cotta, Stuttgart 1982. S. 200ff.

18 Dazu gehören auch die so wichtigen und bis heute wegweisenden Werke von Rudolf Hilferding, Ernst Fraenkel und Franz L. Neumann über das Dritte Reich, die keinesfalls in die Totalitarismusdiskussion einzuordnen sind, wie dies heute von einigen Politikwissenschaftlern behauptet wird. Siehe dazu unten Abschnitt 2.1.

19 Zur sozialdemokratischen und kommunistischen Faschismusdiskussion: Wolfgang Wippermann: *Zur Analyse des Faschismus. Die sozialistischen und kommunistischen Faschismustheorien 1921–1945*. Diesterweg, Frankfurt am Main 1981; ders.: *Totalitarismustheorien*.

20 Die meisten Konservativen sympathisierten ohnehin mehr mit den Visionen eines »totalen Staat(es)«, die von Juristen wie Ernst Forsthoff und Carl Schmitt entwickelt und den Nazis geradezu angedient wurden. Vgl.: Ernst Forsthoff: *Der totale Staat*. Hanseatische Verlags-Anstalt, Hamburg 1933; Carl Schmitt: *Positionen und Begriffe im Kampf mit Weimar – Genf – Versailles, 1923–1939*. Hanseatische Verlags-Anstalt, Hamburg 1940.

21 Zu nennen sind unter anderem: Erwin von Beckerath: *Wesen und Werden des fascistischen Staates*. Julius Springer, Berlin 1927; ders.: »Fascismus und Bolschewismus«. In: *Volk und Reich der Deutschen*, Bd. 3. Berlin 1929. S. 134–153; Walter Gerhart (d. i. Waldemar Gurian): *Um des Reiches Zukunft. Nationale Wiedergeburt oder politische Reaktion?*. Herder, Freiburg 1932, sowie verschiedene zeitgenössische Aufsätze von Friedrich Meinecke. Vgl. dazu vor allem: Schlangen: *Totalitarismus-Theorie*. S. 26ff.

22 *Symposium on the Totalitarian State from the Standpoints of History, Political Science, Economics and Sociology*. American Philosophical Society, Philadelphia 1941; Guy Stanton Ford (Hrsg.): *Dictatorship in the Modern World*. University of Minnesota Press, Minneapolis 1939. Diese Aufsatzsammlung enthält die Referate einer Tagung, die bereits 1935 in Minneapolis stattfand.

23 Keinen wissenschaftlichen Charakter hatten und sollten auch die (von mir so bezeichneten) »literarischen Totalitarismustheorien« nicht haben, die von Franz Borkenau, Alfred Kantorowicz, Arthur Koestler, George Orwell, Jorge Semprún und einigen weiteren »Renegaten« vorgelegt worden sind. Vgl. dazu: Michael Rohrwasser: *Der Stalinismus und die Renegaten. Die Literatur der Exkommunisten*. Metzler, Stuttgart 1991. Zusammenfassend: Wolfgang Wippermann: *Totalitarismustheorien*. S. 58–70.

24 Yaakov Leib Talmon: *Die Ursprünge der totalitären Demokratie*. Westdeutscher Verlag, Köln-Opladen 1961; ders.: *Politischer Messianismus. Die romantische Phase*. Westdeutscher Verlag, Köln-Opladen 1963; ders.: *The Myth of the Nation and the Vision of Revolution. The Origins of Totalitarian Polarisation in the Twentieth Century*. Secker and Warburg, London 1981.

25 Diese bisher immer nur von Konservativen vertretene These ist in jüngster Zeit auch von einigen Linken oder besser, Exlinken aufgegriffen worden. So durch den französischen Historiker François Furet. Vgl.: François Furet: *Das Ende der Illusion*. Piper, München 1996.

26 Erwin Faul: *Der moderne Machiavellismus*. Kiepenheuer und Witsch, Köln 1961.

27 Eric Voegelin: *Die politischen Religionen*. Bermann-Fischer, Wien 1938. Neuausgabe: Fink, München 1993. Voegelins Konzept der »politischen Religion« ist innerhalb der heutigen Totalitarismusforschung vielfach aufgegriffen worden. Unter anderem von: Hans Maier (Hrsg.): *Totalitarismus und politische Religionen*.

28 Völlig anderer Meinung ist Andreas Lindt, der die These von einer grundsätzlichen Feindschaft zwischen den Kirchen und dem Totalitarismus vertritt. Andreas Lindt: *Das Zeitalter des Totalitarismus. Politische Heilslehren und ökumenischer Aufbruch*. Kohlhammer, Stuttgart 1981.

29 Vgl. dazu: Wolfgang Wippermann: *Faschismus. Eine Weltgeschichte vom ausgehenden 19. Jahrhundert bis heute*. Primus, Darmstadt 2009.

30 Hannah Arendt: *Elemente und Ursprünge totaler Herrschaft*, Bde. 1–3. Ullstein, Berlin 1975 (zuerst 1951).

31 Hannah Arendt: *Elemente und Ursprünge totaler Herrschaft*, Bd. 2 S. 454.

32 Zur Charakterisierung des Dritten Reiches als Rassenstaat: Michael Burleigh und Wolfgang Wippermann: *The Racial State. Germany 1933–1945*. Cambridge University Press, Cambridge 1991.

33 Hannah Arendt: *Elemente und Ursprünge totaler Herrschaft*, Bd. 3 S. 252.

34 Hannah Arendt: *Elemente und Ursprünge totaler Herrschaft*, Bd. 3 S. 238.

35 Ebd. S. 210.

36 Völlig falsch und der Intention Arendts nicht entsprechend sind die gegenwärtigen Versuche, ihre Theorie auch auf die DDR anzuwenden. Wie bereits erwähnt, hat Arendt selbst die DDR nicht als totalitär eingeschätzt.

37 Carl Joachim Friedrich unter Mitarbeit von Zbigniew K. Brzezinski: *Totalitäre Diktatur*. Kohlhammer, Stuttgart 1957.

38 In der deutschen Ausgabe wird lediglich Brzezinskis »Mitarbeit« erwähnt.

39 Aufgedeckt wurde Friedrichs geistige Herkunft und politische Einstellung von: Hans J. Lietzmann: *Politikwissenschaft im »Zeitalter der Diktaturen«. Die Entwicklung der Totalitarismustheorie Carl Joachim Friedrichs*. Leske und Budrich, Opladen 1999. Für viele Politologen und Totalitarismusforscher war dies ein schwerer Schlag, hatten sie Friedrich doch stets als aufrechten und vorbildlichen Demokraten gefeiert.

40 Die diesbezüglichen Versuche, das Totalitarismusmodell von Friedrich und Brzezinski der veränderten weltpolitischen Lage anzupassen, werden in den Sammelwerken von Bruno Seidel und Siegfried Jenkner (Hrsg.): *Wege der Totalitarismus-Forschung* und Eckhard Jesse (Hrsg.): *Totalitarismus im 20. Jahrhundert* breit dokumentiert. Darauf muss hier auch deshalb nicht weiter eingegangen werden, weil keine wirklich neuen Totalitarismustheorien entwickelt wurden.

41 Zu der nicht zufällig, aber dennoch überraschenden nach der Wiedervereinigung einsetzenden Renaissance der Totalitarismustheorie siehe Abschnitt 2.1.

42 Vgl. dazu: Ian Kershaw: *Der NS-Staat. Geschichtsinterpretationen und Kontroversen im Überblick*. Rowohlt, Reinbek bei Hamburg 1994. Ferner: Wolfgang Wippermann: *Umstrittene Vergangenheit. Fakten und Kontroversen zum Nationalsozialismus*. Elefanten Press, Berlin 1998. Bes. S. 17ff.

43 Ausführlich dazu: Wolfgang Wippermann: *Totalitarismustheorien*.

44 Die folgende Kritik der, wie ich formuliere, Extremismuslegende habe ich bereits in einigen früheren Publikationen geübt, die mir (wie schon meine Arbeiten zum generischen Faschismus) vonseiten der Extremismusforscher und weiterer Politikwissenschaftler eine scharfe und bis ins Persönliche reichende Kritik eingebracht haben. Neben Wolfgang Wippermann: *Totalitarismustheorien* waren das: Wolfgang Wippermann: »Wider die Verwirrung der Begriffe! Was ist Rechtsradikalismus, Rechtsextremismus, Fundamentalismus, Populismus, Faschismus, Neonazismus und Neofaschismus?«. In: Rolf Richter (Hrsg.): *Rechtsextremismus und Neonazismus unter Jugendlichen Ostberlins*. Berlin 1991. S. 26–45, ders.: »Verfassungsschutz und Extremismusforschung: Falsche Perspektiven«. In: Jens Mecklenburg (Hrsg.): *Braune Gefahr. DVU, NPD, REP. Ge-*

schichte und Zukunft. Elefanten Press, Berlin 1999. S. 268–280; ders.: »›Doch ein Begriff muß bei dem Worte sein.‹ Über ›Extremismus‹, ›Faschismus‹, ›Totalitarismus‹ und ›Neofaschismus‹«. In: Siegfried Jäger und Alfred Schobert (Hrsg.): *Weiter auf unsicherem Grund. Faschismus – Rechtsextremismus – Rassismus. Kontinuitäten und Brüche.* DISS, Duisburg 2000. S. 21–48.

45 Klaus Schubert und Martina Klein: *Das Politiklexikon.* Dietz, Bonn 2006.

46 Auch die Kritiker der Rot-gleich-Braun-Formel sprachen damals von Radikalismus. So etwa: Helga Grebing: *Linksradikalismus gleich Rechtsradikalismus. Eine falsche Gleichung.* Kohlhammer, Stuttgart 1971.

47 Dabei ist »extrem« zumindest in der Umgangssprache nicht ausschließlich negativ geprägt. So werden Bergsteiger zwar als Extremsportler bezeichnet, aber keineswegs als Extremisten verteufelt.

48 Gemeint sind Armin Pfahl-Traughber und die Politologen Eckhard Jesse und Uwe Backes. Der ehemalige fest angestellte Mitarbeiter des Verfassungsschutzes Pfahl-Traughber ist heute Professor an einer Fachhochschule. Die Inoffiziellen Mitarbeiter des Verfassungsschutzes Jesse und Backes forschen und lehren an der TU Chemnitz und am Dresdener Hannah-Arendt-Institut.

49 Backes und Jesse sollten die Hauptgutachter in dem geplanten Verbotsverfahren gegen die NPD sein, das bekanntlich schon im Vorfeld scheiterte, weil verschiedene der von der Anklagebehörde gesammelten Beweise von Agenten des Verfassungsschutzes stammten.

50 Dieser äußerst wichtige Hinweis stammt von: Richard Stöss: »Extremismus von rechts. Einige Anmerkungen aus rechtlicher und politikwissenschaftlicher Perspektive«. In: Rolf Richter (Hrsg.): *Rechtsextremismus und Neonazismus.* S. 1–25, bes. S. 1.

51 Steffen Kailitz: *Politischer Extremismus in der Bundesrepublik Deutschland. Eine Einführung.* VS, Wiesbaden 2004. S. 212.

52 Vgl. dazu: Bundesministerium des Innern (Hrsg.): *Verfassungsschutzbericht 1993.* Bonn 1994. S. 14; Hans Joachim Schwagerl: *Rechtsextremes Denken. Merkmale und Methoden.* Fischer, Frankfurt am Main 1993. S. 154.

53 Hans Günther Merk: »Was ist heute Extremismus? Die Bedrohung des Staates von links und rechts«. In: Manfred Funke (Hrsg.): *Extremismus im demokratischen Rechtsstaat.* Droste, Düsseldorf 1978. S. 127–146. Hier S. 129.

54 Uwe Backes und Eckhard Jesse: *Politischer Extremismus in der Bundesrepublik Deutschland*, Bde. 1–3. Verlag Wissenschaft und Politik, Köln 1989.

55 Uwe Backes: »Gestalt und Bedeutung des intellektuellen Rechtsextremismus in Deutschland«. In: *Aus Politik und Zeitgeschichte*, Bd. 46. Bundeszentrale für politische Bildung, Berlin 2001.

56 Dass Anarchisten und Kommunisten seit den Zeiten von Marx und Bakunin nicht Bundesgenossen, sondern erbitterte Feinde waren, sollten die erwähnten Politologen eigentlich wissen.

57 In beinahe der gesamten öffentlichen Diskussion wird Kommunismus nicht definiert und vor allem nicht in seine unterschiedlichen Varianten und Erscheinungsformen unterteilt. Die Vermengungen reichen vom Bund der Kommunisten bis hin zum Leninismus, Stalinismus, Trotzkismus und selbst zum Maoismus. Sämt-

liche Richtungen sollen auf irgendeine Weise kommunistisch gewesen sein. Auch und vor allem der übrigens mit Absicht so genannte »real existierende Sozialismus«.

58 Uwe Backes und Eckhard Jesse: *Politischer Extremismus.* S. 271.

59 Der Begriff »antidemokratisch« kann zwar auch sehr willkürlich und sowohl extensiv wie einengend definieren, er ist aber immer noch konkreter als die Bezeichnung »extremistisch«.

60 Diese Bemerkung ist nicht als böswilliger Vorwurf zu verstehen. Die ominösen Halbkreise und Hufeisen werden in den einschlägigen Publikationen von Backes und Jesse häufig erwähnt – und in Politik und Wissenschaft als Erzeugnisse einer ernsthaften politischen Wissenschaft wahrgenommen. Erst wenn das, wie ich es in Vorträgen und Diskussionen häufig getan habe, anschaulich auf eine Tafel gebracht wird, können der politologische Mumpitz entlarvt und entsprechende Heiterkeitserfolge erzielt werden.

61 Manfred Funke: »Extremismus und offene Gesellschaft – Anmerkungen zur Gefährdung und Selbstgefährdung des demokratischen Rechtsstaates«. In: Manfred Funke (Hrsg.): *Extremismus im demokratischen Rechtsstaat.* S. 14–46.

62 Zu diesem alles andere als lustigen Vergleich zwischen Extremismus- und Hexenforschern: Wolfgang Wippermann: *Agenten des Bösen. Verschwörungstheorien von Luther bis heute.* Bebra, Berlin 2007. S. 33ff.

63 Manfred Funke: »Extremismus und offene Gesellschaft«. S. 17, 19 und 21.

64 Wie unten weiter ausgeführt wird, aber schon jetzt deutlich geworden ist, richtet sich das Vorgehen heute gegen die Die Linke.

65 Zu dieser antikommunistischen kam jedoch auch eine antikapitalistische Zielsetzung, weshalb der Faschismus nach den Worten des israelischen Historikers Zeev Sternhell »weder links noch rechts« war.

66 Dies ist und kann nicht der einzige Grund sein, an der Legitimität eines generischen Faschismusbegriffs festzuhalten. Der Forschung, genauer, der vergleichenden Faschismusforschung obliegt die Beweisführung, der sie auch nachgeht – ich versuche dies seit etwa 30 Jahren.

67 Weiter unten hierzu mehr, wobei deutlich wird, weshalb der folgende exkursartige Abschnitt notwendig ist, werden doch erst vor diesem Hintergrund die gegenwärtigen politischen und geschichtspolitischen Diskurse verständlich. Ich stütze mich im Folgenden auf meinen Aufsatz: Wolfgang Wippermann: »Die deutsche Staatsideologie. Zur Konzeption des Totalitarismus«. In: Florian Wenninger u. a. (Hrsg.): *Geschichte macht Herrschaft. Zur Politik mit dem Vergangenen.* Braumüller, Wien 2007. S. 33–52.

68 Der Begriff »wehrhafte Demokratie« bzw. »militant democracy« wurde schon in den 1930er-Jahren von Karl Loewenstein geprägt: Karl Loewenstein: »Militant Democracy and Fundamental Rights«. In: *American Political Science Review*, Nr. 31. Cambridge University Press, New York 1937. S. 417–658. Zitiert nach: Gregor Paul Boventer: *Grenzen politischer Freiheit im demokratischen Staat. Das Konzept der streitbaren Demokratie in einem internationalen Vergleich.* Duncker und Humblot, Berlin 1985. S. 60.

69 So der CDU-Abgeordnete Adolf Süsterhenn am 8. Dezember 1948 im Hauptaus-

schuss des Parlamentarischen Rates. Vgl.: Parlamentarischer Rat: *Verhandlungen des Hauptausschusses, Bonn 1948/49*. Scheur, Bonn 1950. S. 255. Zunächst hatte jedoch auf Schloss Herrenchiemsee und in Bonn eine primär antifaschistische Grundstimmung vorgeherrscht, was sich jedoch nach Ausbruch des Kalten Krieges schlagartig änderte. Vgl. dazu: Helmut M. Schäfer: *Die freiheitlich-demokratische Grundordnung. Eine Einführung in das deutsche Verfassungsrecht.* Olzog, München 1982. S. 88ff; Armin Scherb: *Präventiver Demokratieschutz als Problem der Verfassungsgebung nach 1945.* Lang, Frankfurt am Main 1987. S. 190ff.

70 Gerhard Leibholz: »Das Phänomen des totalen Staates«. In: Göttinger Arbeitskreis (Hrsg.): *Mensch und Staat in Recht und Geschichte. Festschrift für Herbert Kraus zur Vollendung seines 70. Lebensjahres.* Holzner, Kitzingen 1954. S. 156–162. Abgedruckt in: Bruno Seidel und Siegfried Jenkner (Hrsg.): *Wege der Totalitarismus-Forschung.* S. 123–132. Ähnliche Thesen auch in: Gerhard Leibholz: »Freiheitliche demokratische Grundordnung und Bonner Grundgesetz«. In: ders.: *Strukturprobleme der modernen Demokratie.* Athenäum/Fischer, Frankfurt am Main, 1974. S. 132–141 (zuerst 1951).

71 Theodor Maunz, Günter Dürig und Roman Herzog: *Grundgesetz für die Bundesrepublik Deutschland vom 23. Mai 1949.* C.H. Beck, München 1974. Artikel 18 Rn. 48.

72 Ebd., Rn. 50. Nur am Rande sei erwähnt, dass es sich bei Maunz um den ehemaligen NS-Juristen Theodor Maunz handelt, der nach 1945 lange Jahre Berater und Mitarbeiter des Herausgebers der rechtsradikalen *Deutschen National-Zeitung*, Gerhard Frey, war. Vgl.: Jens Mecklenburg (Hrsg.): *Handbuch deutscher Rechtsextremismus.* Elefanten Press, Berlin 1996. S. 404 und 461.

73 Diese Formulierung stammt von dem sehr weit rechts stehenden Bayreuther Politologen Konrad Löw. Vgl.: Konrad Löw: »Die ›Weltanschauung des Grundgesetzes‹ und der Totalitarismus«. In: ders.: *Totalitarismus contra Freiheit. Begriff und Realität.* Bayerische Landeszentrale für politische Bildungsarbeit, München 1988. S. 185–199. Mit ähnlicher Intention hat Ernst Nolte das Grundgesetz als »lebendige Totalitarismustheorie« bezeichnet. Vgl.: Ernst Nolte: *Deutschland und der Kalte Krieg.* Piper, München 1974. S. 253. Noch eine Seite vorher hat er richtig erkannt: »Das Grundgesetz (ist) vor allem antikommunistisch (…), das heißt, es schließt den Sozialismus im Sinne des östlichen Parteistaatskapitalismus vollständig und bedingungslos aus.«

74 Gesine Schwan: *Antikommunismus und Antiamerikanismus in Deutschland. Kontinuität und Wandel nach 1945.* Nomos, Baden-Baden 1999. S. 21.

75 Zu Recht kritisierte das: Gerhard Lozek (Hrsg.): *Die Totalitarismus-Doktrin im Antikommunismus. Kritik einer Grundkonzeption bürgerlicher Ideologie.* Dietz, Berlin 1985. Keine zehn Jahre später jedoch sollte sich derselbe DDR-Historiker als glühender Verfechter der »Totalitarismus-Doktrin« zu erkennen geben.

76 Dazu und zum Folgenden: Erhard Denninger (Hrsg.): *Freiheitliche demokratische Grundordnung. Materialien zum Staatsverständnis und zur Verfassungswirklichkeit der Bundesrepublik*, Bd. 1. Suhrkamp, Frankfurt am Main 1977. Bes. S. 112ff; Alexander von Brünneck: *Politische Justiz gegen Kommunisten in der Bundesrepublik Deutschland 1949–1968.* Suhrkamp, Frankfurt am Main 1978; Thomas Ordnung: *Zur Praxis und Theorie des präventiven Demokratieschutzes. Darlegungen zum Problem der ›streit-*

baren Demokratie‹ und seinem verfassungsrechtlichen, politischen und historischen Umfeld am Beispiel des Parteiverbots. Dissertation an der FU Berlin 1985.

77 Vollständiger Text des KPD-Verbotsurteils im Internet: *http://www.ml-werke.de/andere/kpdverbt.htm*, 5.1.2009.

78 Beschluss der Kultusministerkonferenz vom 5.7.1962 über »Richtlinien für die Behandlung des Totalitarismus im Unterricht«. Zitiert nach: Hans-Helmuth Knütter: »Der Totalitarismus in der schulischen und außerschulischen Politischen Bildung«. In: Konrad Löw (Hrsg.): *Totalitarismus*. Duncker und Humblot, Berlin 1988. S. 28–43. Hier S. 30.

79 Karl Dietrich Bracher: *Schlüsselwörter in der Geschichte. Mit einer Betrachtung zum Totalitarismusproblem*. Droste, Düsseldorf 1978. S. 103f.

80 Dazu und generell zum negativen Geostereotyp »Osten«: Wolfgang Wippermann: *Die Deutschen und der Osten. Feindbild und Traumland*. Primus, Darmstadt 2007.

81 Zu diesem »Propagandakrieg« der Bundesrepublik gegen die DDR bereits: Ernst Nolte: *Deutschland und der Kalte Krieg*. S. 396–412. Kritischer und materialreicher: Karl Heinz Roth: *Anschließen, angleichen, abwickeln. Die westdeutschen Planungen zur Übernahme der DDR 1952–1990*. Konkret Literatur, Hamburg 2000. Roth überschätzt jedoch die tatsächliche politische Bedeutung der von ihm untersuchten Organisationen. Von einer tatsächlich bis ins Detail geplanten »Übernahme der DDR« kann nicht gesprochen werden.

82 Dazu gehörten neben Sabotageakten auch Brandstiftungen und selbst geplante Mordanschläge. Daher hatte Nolte (*Deutschland und der Kalte Krieg*. S. 407f.) recht, wenn er den »aktiven Widerstand« der KgU mit dem »nationalen Befreiungskampf« von einigen radikalen Gruppen in der Dritten Welt verglich. Abgemildert wurde dieses harte Urteil von Nolte-Schüler Kai-Uwe Merz: *Kalter Krieg als antikommunistischer Widerstand. Die Kampfgruppe gegen Unmenschlichkeit 1948–1959*. Oldenbourg, München 1987. Dass die wahren Umstände beunruhigend und buchstäblich terroristisch waren, geht aus einer neuen Untersuchung hervor: Enrico Heitzer: »*Affäre Walter«. Die vergessene Verhaftungswelle*. Metropol, Berlin 2008.

83 Dabei tat sich wiederum die »Kampfgruppe gegen Unmenschlichkeit« hervor, die mehrere Bücher und Broschüren über die »totalitäre« Diktatur publiziert hat, die in den letzten Jahren wieder rezipiert und neu aufgelegt worden sind.

84 Der ausgewiesene Antifaschist Schumacher hätte es besser wissen müssen, hatte er doch lange Jahre in faschistischen Konzentrationslagern und Zuchthäusern zubringen müssen, wo er die aktive Hilfe und Solidarität vonseiten einiger kommunistischer Antifaschisten genossen hatte.

85 Ein Beispiel ist der ehemalige »Ostforscher« Karl C. Thalheim, der sich zum DDR-Spezialisten wandelte. Vgl.: Karl C. Thalheim: *Die wirtschaftliche Entwicklung der beiden Staaten in Deutschland. Tatsachen und Zahlen*. Leske und Budrich, Opladen 1978. Weitere Beispiele bei Karl Heinz Roth: *Anschließen, angleichen, abwickeln*.

86 Zur Ostforschung: Wolfgang Wippermann: *Die Deutschen und der Osten*. S. 83ff. Der Zusammenhang von Ostforschung und DDR-Forschung ist allerdings bis in die Gegenwart meist übersehen worden, vor allem von den späteren DDR-Forschern.

87 Abgedruckt in: Günter Berndt und Reinhard Strecker: *Polen, ein Schauermärchen oder Gehirnwäsche für Generationen.* Rowohlt, Reinbek bei Hamburg 1971. S. 96–99.

88 Noch 1992 hat der Würzburger Politologe Bernhard Marquardt eine Wiederbelebung der Ostforschung gefordert, um sich der neuen »totalitären Gefahr« aus dem »Osten« zu erwehren, womit das postkommunistische Russland gemeint war. Vgl.: Bernhard Marquardt: *Der Totalitarismus – ein gescheitertes Herrschaftssystem. Eine Analyse der Sowjetunion und anderer Staaten Ost-Mitteleuropas.* Brockmeyer, Bochum 1992. S. 2.

89 Einige dieser Beiträge sind bei Bruno Seidel und Siegfried Jenkner (Hrsg.): *Wege der Totalitarismus-Forschung* abgedruckt. Besonders erwähnenswert ist der Versuch des Pädagogen Oskar Anweiler, das Erziehungswesen in totalitären Staaten zu vergleichen: Oskar Anweiler: »Totalitäre Erziehung? Eine vergleichende Untersuchung zum Problem des Totalitarismus«. In: ebd. S. 513–531.

90 Volker Ulrich: »Der Historiker als polemisierender Zeitgenosse. Hans-Ulrich Wehlers monumentale ›Deutsche Gesellschaftsgeschichte‹«. In: *Neue Gesellschaft. Frankfurter Hefte,* Nr. 10, Bd. 55. Dietz, Bonn 2008. S. 70–72. Anders und viel besser dagegen bereits die parallelen Darstellungen beider deutscher Staaten von: Christoph Kleßmann: *Die doppelte Staatsgründung. Deutsche Geschichte 1945–1955.* Bundeszentrale für politische Bildung, Bonn 1986; ders.: *Zwei Staaten, eine Nation. Deutsche Geschichte 1955–1970.* Bundeszentrale für politische Bildung, Bonn 1988.

91 Zum natürlich ebenfalls zu berücksichtigenden »Kalten Krieg der DDR gegen die Bundesrepublik« wiederum Ernst Nolte: *Deutschland und der Kalte Krieg.* S. 387–395.

92 Einigen der heutigen DDR-Forscher ist das ein Dorn im Auge, weshalb sie nichts unversucht lassen, alles auf den Einfluss der sinistren DDR im Allgemeinen und der Stasi im Besonderen zurückzuführen. Dass Hans Globke und andere hochrangige Politiker der Bundesrepublik ehemalige Nationalsozialisten und keine Realsozialisten oder Agenten der Stasi waren, ist nicht wegzudiskutieren.

93 Vgl. dazu die hämische und geradezu denunziatorische Darstellung von: Klaus Schroeder und Jochen Staadt: *Der diskrete Charme des Status Quo. DDR-Forschung in der Ära der Entspannungspolitik.* Forschungsverband SED-Staaten, Berlin 1992.

94 Peter Christian Ludz: *Parteielite im Wandel. Funktionsaufbau, Sozialstruktur und Ideologie der SED-Führung.* Westdeutscher Verlag, Köln-Opladen 1970.

95 An ihnen hat sich auch Extremismusforscher Eckhard Jesse beteiligt. Vgl.: Eckhard Jesse (Hrsg.): *Bundesrepublik Deutschland und Deutsche Demokratische Republik. Die beiden deutschen Staaten im Vergleich.* Colloquium, Berlin 1985.

96 Dazu sind auch folgende Arbeiten zu zählen: Kurt Sontheimer und Wilhelm Bleek: *Die DDR. Politik, Gesellschaft, Wirtschaft.* Hoffmann und Campe, Hamburg 1976; Horst Dähn: *Das politische System der DDR 1949–1985.* Wissenschaftlicher Autoren-Verlag, Berlin 1985; Gert-Joachim Glaeßner (Hrsg.): *Die DDR in der Ära Honecker. Politik, Kultur, Gesellschaft.* Westdeutscher Verlag, Köln-Opladen 1988.

97 Von Staritz stammen jedoch einige gute Studien zur Geschichte der DDR, die er

vor und nach seiner Enttarnung als IM veröffentlicht hat. Dietrich Staritz: *Geschichte der DDR 1949–1985*. Suhrkamp, Frankfurt am Main 1985; ders.: *Was war. Historische Studien zu Geschichte und Politik der DDR*. Metropol, Berlin 1994.

98 Vgl. dazu seine eigenen lesenswerten Beschreibungen seines politischen Werdeganges: Hermann Weber: *Damals, als ich Wunderlich hieß. Vom Parteihochschüler zum kritischen Sozialisten. Die SED-Parteihochschule »Karl Marx« bis 1949*. Aufbau, Berlin 2002; ders. mit Gerda Weber: *Leben nach dem »Prinzip Links«. Erinnerungen aus fünf Jahrzehnten*. Ch. Links, Berlin 2006.

99 Hermann Weber: *Die DDR 1945–1986*. Oldenbourg, München 1988; ders.: *DDR. Grundriß der Geschichte 1945–1990*. Fackelträger, Hannover 1991.

100 Vgl. dazu Abschnitt 2.2.

101 Jürgen Braun: »Stiller Sieg eines Begriffes«. In: *Das Parlament*, 11./18.11.1994. Zum Folgenden: Wolfgang Wippermann: *Totalitarismustheorien*. S. 95ff; Michael Schöngarth, *Die Totalitarismusdiskussion*; Karl Heinz Roth: *Geschichtsrevisionismus*; Ludwig Elm: »Zum Beispiel DDR«.

102 Zum Folgenden: Wolfgang Wippermann: *Wessen Schuld? Vom Historikerstreit zur Goldhagen-Kontroverse*. Elefanten Press, Berlin 1997.

103 Immanuel Geiss: *Der Hysterikerstreit. Ein unpolemischer Essay*. Bouvier, Bonn 1992.

104 Hans-Ulrich Wehler: *Entsorgung der deutschen Vergangenheit? Ein polemischer Essay zum »Historikerstreit«*. C.H. Beck, München 1988.

105 Immanuel Geiss: *Der Hysterikerstreit*. S. 122f.

106 Karlheinz Weißmann: *Rückruf in die Geschichte. Die deutsche Herausforderung*. Ullstein, Berlin 1992; Uwe Backes, Eckhard Jesse, Rainer Zitelmann (Hrsg.): *Die Schatten der Vergangenheit. Impulse zur Historisierung des Nationalsozialismus*. Propyläen, Frankfurt am Main 1990.

107 Uwe Backes und Eckhard Jesse: »Totalitarismus und Totalitarismusforschung. Zur Renaissance einer lange tabuisierten Konzeption«. In: *Jahrbuch Extremismus und Demokratie*, Nr. 4. Bonn/Berlin 1992. S. 7–27.

108 Karlheinz Weißmann: *Rückruf*. S. 48.

109 Dieser Zusammenhang ist auch in verschiedenen Publikationen erkannt und entsprechend kritisiert worden. So z. B. von: Johannes Klotz und Ulrich Schneider (Hrsg.): *Die selbstbewußte Nation und ihr Geschichtsbild. Geschichtslegenden der Neuen Rechten. Faschismus, Holocaust, Wehrmacht*. Papyrossa, Köln 1997.

110 Wolfgang Kraushaar: »Sich aufs Eis wagen. Plädoyer für eine Reaktualisierung der Totalitarismustheorie«. In: ders.: *Linke Geisterfahrer. Denkanstöße für eine antitotalitäre Linke. Mit einer Einleitung von Daniel Cohn-Bendit*. Neue Kritik, Frankfurt am Main 2001. S. 59–86.

111 Ähnliche Kritik wie im Folgenden auch bei: Karl Heinz Roth: »›Sich aufs Eis wagen‹. Zur Wiederbelebung der Totalitarismustheorie durch das Hamburger Institut für Sozialforschung«. In: Frank Deppe u. a. (Hrsg.): *Antifaschismus*. Distel, Heilbronn 1996. S. 403–415.

112 Wolfgang Kraushaar: »Der Lackmus-Test. Die Linke und die Totalitarismustheorie«. in: ders.: *Linke Geisterfahrer*. S. 166–256. Hier S. 196.

113 Wolfgang Kraushaar: »Sich aufs Eis wagen«. S. 59ff. Tatsächlich führte das Insti-

tut für Sozialgeschichte auch eine Totalitarismuskonferenz durch: Alfons Söllner, Ralf Walkenhaus und Karin Wieland (Hrsg.): *Totalitarismus. Eine Ideengeschichte des 20. Jahrhunderts.* Akademie, Berlin 1997.

114 Gerhard Lozek: »Vergleichen, nicht gleichsetzen. Fallbeispiel: Totalitäre Diktaturen«. In: Eberhard Fromm und Hans-Jürgen Mende (Hrsg.): *Vom Beitritt zur Vereinigung. Schwierigkeiten beim Umgang mit deutsch-deutscher Geschichte.* Luisenstädtischer Bildungsverein, Berlin 1993. S. 84–89. Lozek wurde ob dieses Gesinnungswandels von Jesse geradezu gönnerhaft gelobt: Eckhard Jesse: »Die Totalitarismusforschung im Streit der Meinungen«. In: ders. (Hrsg.): *Totalitarismus im 20. Jahrhundert: eine Bilanz der internationalen Forschung.* Bundeszentrale für politische Bildung, Bonn 1996. S. 10–39. Hier S. 16.

115 Lozek stand mit seiner spät entdeckten Liebe zur Totalitarismustheorie übrigens nicht allein da. Auch der selbst ernannte Ideologe der PDS André Brie hat die Totalitarismustheorie energisch verteidigt. Kritik kam dagegen weiterhin unter anderem von Ludwig Elm und Uwe-Jens Heuer. Vgl.: Ludwig Elm: »Zum Beispiel DDR«; Uwe-Jens Heuer: »Totalitarismus – Karriere eines Begriffs«. In: *Marxistische Blätter*, Nr. 33. Neue Impulse, Essen 1995. S. 62–70.

116 Daniel Cohn-Bendit: »Wer vom Totalitarismus schweigt, sollte auch nicht über die Freiheit reden«. In: Wolfgang Kraushaar: *Linke Geisterfahrer.* S. 7–18.

117 Darunter *taz*-Redakteur Christian Semler und einige andere Exlinke, die mit ihrer nachgeholten Kommunismuskritik offenbar ihre eigene Vergangenheit bewältigen wollten. Gleiches gilt auch für die Kommunismusschelte von: Gerd Koenen: *Utopie der Säuberung. Was war der Kommunismus?.* Fest, Berlin 1998.

118 Stéphane Courtois u. a.: *Das Schwarzbuch des Kommunismus. Unterdrückung, Verbrechen und Terror.* Piper, München 1998. Ausführliche Kritik in: Jens Mecklenburg und Wolfgang Wippermann (Hrsg.): *»Roter Holocaust«? Kritik des Schwarzbuchs des Kommunismus.* Konkret Literatur, Hamburg 1998. Ferner: Johannes Klotz (Hrsg.): *Schlimmer als die Nazis? »Das Schwarzbuch des Kommunismus«, die neue Totalitarismusdebatte und der Geschichtsrevisionismus.* Papyrossa, Köln 1999.

119 Dazu das Kapitel »Die verspätete Rezeption in Frankreich«. In: Wolfgang Wippermann: *Totalitarismustheorien.* S. 71–81.

120 Gerade deshalb wurde die französische Renaissance oder vielmehr die Entdeckung der Totalitarismustheorie den deutschen Linken als leuchtendes Vorbild empfohlen – von einer weiteren deutschen Exlinken: Ulrike Ackermann: *Sündenfall der Intellektuellen. Ein deutsch-französischer Streit von 1945 bis heute.* Klett-Cotta, Stuttgart 2000.

121 Dabei ist noch anzumerken, dass sich diese kommunistischen Regime gar nicht so, sondern meistens als nur »sozialistisch« bezeichnet haben. Kommunistisch nach der Marx'schen Theorie oder Prophetie war ohnehin keins.

122 Wolfgang Uwe Friedrich: »Denkblockaden. Das Totalitarismusmodell aus der Sicht der PDS«. In: Rainer Eckert und Bernd Faulenbach (Hrsg.): *Halbherziger Revisionismus. Zum postkommunistischen Geschichtsbild.* Olzog, München 1996. S. 111–139. Hier S. 139.

123 Friedrich Pohlmann: *Marxismus – Leninismus – Kommunismus – Faschismus. Aufsätze zur Ideologie und Herrschaftsstruktur der totalitären Diktaturen.* Centaurus, Pfaffenweiler 1995. S. 17.

124 Die vor allem vom jetzt in Chemnitz lehrenden Politologen Alfons Söllner reaktivierten sogenannten »linken Totalitarismustheorien« müssen hier nicht weiter berücksichtigt werden, aus dem einfachen Grunde, weil sie keine sind. Autoren wie Rudolf Hilferding, Ernst Fraenkel und Franz L. Neumann haben sich schließlich allein auf den Nationalsozialismus konzentriert und keinerlei Vergleiche mit dem Kommunismus gezogen. Vgl.: Alfons Söllner, Ralf Walkenhaus und Karin Wieland (Hrsg.): *Totalitarismus*.

125 Wolfgang Wippermann: *Totalitarismustheorien*. S. 116f.

126 So etwa von: Carmen Everts: *Politischer Extremismus. Theorie und Analyse am Beispiel der Parteien REP und PDS*. Weißensee, Berlin 2000. Dieses Buch ist aus einer Dissertation hervorgegangen, die – freilich – bei dem Extremismusforscher Eckhard Jesse angefertigt worden ist. Die Verfasserin gehörte zu den vier hessischen Abgeordneten der SPD, die im November 2008 Andrea Ypsilanti nicht zur Ministerpräsidentin wählten, weil diese sich von der Linken tolerieren lassen wollte. Diese in der Parteigeschichte der SPD beinahe einmalige Weigerung, eine eigene Genossin zu wählen, wurde mit Gewissensgründen motiviert – zweifellos eine Legende. Bei Everts war es die Extremismuslegende.

127 Wie unschwer zu erkennen ist, hat diese Argumentation einen tautologischen Charakter: Die Linke soll extremistisch sein, weil der DDR ein totalitäres Wesen unterstellt wird.

128 Eckhard Jesse: »War die DDR totalitär?«. In: *Aus Politik und Zeitgeschichte*, Bd. 40. Bundeszentrale für politische Bildung, Berlin 1994. S. 12–23.

129 Siehe dazu den äußerst parteiischen Forschungsüberblick von: Klaus Schroeder: *Der SED-Staat. Partei, Staat und Gesellschaft 1949–1990*. Hanser, München 1998.

130 Dies trifft aber keinesfalls auf alle DDR-Forscher zu. Die meisten haben auf die Verwendung des Totalitarismusbegriffs und auf Vergleiche mit dem Dritten Reich verzichtet und sorgfältig recherchierte empirische Studien vorgelegt, die auf mehreren Archivmetern Akten basierten, wovon dann ganze Fußnotengebirge zeugten. Nur eins waren sie häufig nicht: leicht lesbar, methodisch innovativ und in der Lage, das in der Öffentlichkeit gezeichnete Zerrbild der DDR zu korrigieren.

131 Ein besonders abschreckendes Beispiel bot Ehrhart Neubert, der sich zu der Behauptung verstieg, dass die DDR das »real existierende größte Isolierungslager mit 17 Millionen Insassen« gewesen sei, in dem es »nahezu alle politisch motivierten Massenverbrechen« gegeben habe. Ehrhart Neubert: »Politische Verbrechen in der DDR«. In: Stéphane Courtois u. a.: *Das Schwarzbuch*. S. 829–884. Hier S. 862 und 871. Diese Dämonisierung der DDR ist kaum noch zu übertreffen.

132 Ulrike Poppe, Rainer Eckert und Ilko-Sascha Kowalczuk (Hrsg.): *Zwischen Selbstbehauptung und Anpassung. Formen des Widerstandes und der Opposition in der DDR*. Ch. Links, Berlin 1995.

133 Zur Kritik dieser schleichenden Veränderung und Instrumentalisierung des »Vermächtnis(es) des Widerstands«: Wolfgang Wippermann: »Das ›Vermächtnis des Widerstands‹: Instrumentalisierung oder Historisierung?«. In: Gerhard Ringshausen (Hrsg.): *Perspektiven des Widerstands. Der Widerstand im Dritten Reich und seine didaktische Erschließung*. Centaurus, Pfaffenweiler 1994. S. 74–91.

134 Diese Selbstvictimisierung der ehemaligen DDR-Bürger überkreuzte sich mit der schon damals um sich greifenden Täter-Opfer-Umkehrung.

135 Diese Intention kennzeichnete: Bernd Faulenbach u. a. (Hrsg.): »*Die Partei hatte immer recht*«. *Aufarbeitung von Geschichte und Folgen der SED-Diktatur.* Klartext, Essen 1994; Klaus Sühl (Hrsg.): *Vergangenheitsbewältigung 1945 und 1989. Ein unmöglicher Vergleich? Eine Diskussion.* Volk und Welt, Berlin 1994.

136 Peter Gay: *Freud, Juden und andere Deutsche.* S. 14ff. Peter Gays Vorwurf von der »vergleichenden Verharmlosung« richtete sich gegen Ernst Noltes Vergleich von Sowjetunion und Drittem Reich. Der m. E. viel schlimmere und das Dritte Reich weit mehr verharmlosende Vergleich mit der DDR ist dann aber auf weit weniger Kritik gestoßen.

137 Vgl. dazu das Kapitel »›Auch gute Seiten‹? Relativierung durch Modernisierung« bei: Wolfgang Wippermann: *Wessen Schuld?.* S. 80–97.

138 Zu ihnen gesellten sich, wie bereits erwähnt, auch die Extremismusforscher Backes und Jesse, die sich gleichzeitig an den trivialisierenden Vergleichen von DDR und Drittem Reich beteiligten.

139 Eberhard Jäckel: »Zweierlei Vergangenheit«. In: *Der Spiegel*, 52/1991; ders.: *Die zweifache Vergangenheit. Zum Vergleich politischer Systeme. Vortrag vor dem Gesprächskreis Geschichte der Friedrich-Ebert-Stiftung in Bonn am 11. Juni 1992.* Friedrich-Ebert-Stiftung, Bonn 1992.

140 Ernst Nolte: »Die fortwirkende Verblendung«. In: *Frankfurter Allgemeine Zeitung*, 22.1.1992.

141 Jürgen Habermas: »Was bedeutet ›Aufarbeitung der Vergangenheit‹ heute? Bemerkungen zur ›doppelten Vergangenheit‹«. In: ders.: *Die Moderne – ein unvollendetes Projekt. Philosophisch-politische Aufsätze 1977–1992.* Reclam, Leipzig 1992. S. 242–267.

142 Dazu gehört unter anderem: Ludger Kühnhardt (Hrsg.): *Die doppelte deutsche Diktaturerfahrung. Drittes Reich und DDR – ein historisch-politikwissenschaftlicher Vergleich.* Lang, Frankfurt am Main 1994. Die Autoren dieses Sammelbandes fördern zwar eher Unterschiede als Gemeinsamkeiten zutage, was sie aber dennoch nicht hindert, denjenigen, die in diesem Zusammenhang vor einer »Verharmlosung des Holocaust« warnen, »wissenschaftlich unseriöse« und ›volkspädagogische« Motive zu unterstellen.

143 Günther Heydemann und Detlef Schmiechen-Ackermann: »›Theorie und Methodologie vergleichender Diktaturforschung«. In: Günther Heydemann und Heinrich Oberreuter (Hrsg.): *Diktaturen in Deutschland – Vergleichsaspekte. Strukturen, Institutionen und Verhaltensweisen.* Bundeszentrale für politische Bildung, Bonn 2003. S. 9–56. Hier S. 31ff.

144 Richard Overy: *Die Diktatoren. Hitlers Deutschland, Stalins Russland.* DVA, München 2005; Alan Bullock: *Hitler und Stalin. Parallele Leben.* Siedler, Berlin 1991.

145 Richard Bessel und Ralph Jessen (Hrsg.): *Die Grenzen der Diktatur. Staat und Gesellschaft in der DDR.* Vandenhoeck und Ruprecht, Göttingen 1996.

146 Jürgen Kocka: »Die Geschichte der DDR als Forschungsproblem. Einleitung«. In: ders. (Hrsg.): *Historische DDR-Forschung. Aufsätze und Studien.* Akademie, Berlin 1993. S. 9–26.

147 Darunter Jürgen Kocka, Ralph Jessen und Arnold Sywottek. Konrad Jarausch schlug vor, statt von einer totalitären von einer »Fürsorgediktatur« zu sprechen, was ebenfalls reichlich gewöhnungsbedürftig ist. Konrad Hugo Jarausch: »Sozi-

alismus als Fürsorgediktatur. Zur begrifflichen Einordnung der DDR«. In: *Aus Politik und Zeitgeschichte*, Bd. 20. Bundeszentrale für politische Bildung, Berlin 1998. S. 33–46.

148 Eine neue und auch auf die DDR anwendbare Totalitarismustheorie ist m. W. bisher nicht entwickelt worden.

149 Gerd Appenzeller: »Der Schicksalstag. Deutschland im November«. In: *Der Tagesspiegel*, 9.11.2008. Die folgenden Zitate sind diesem Artikel entnommen, der repräsentativ für viele andere ist, die zu diesem Anlass und in der gleichen Haltung geschrieben worden sind.

150 Hermann Just (Hrsg.): *Die sowjetischen Konzentrationslager auf deutschem Boden 1945–1950*. Kampfgruppe gegen Unmenschlichkeit, Berlin 1952. Zum gesamten Kapitel: Wolfgang Wippermann: *Konzentrationslager. Geschichte, Nachgeschichte, Gedenken*. Elefanten Press, Berlin 1999. S. 100–116.

151 Nachgewiesen wird dies in der neuen Studie von: Enrico Heitzer: »*Affäre Walter*«.

152 Auf die Unterschiede von Konzentrations- zu Speziallagern hat schon Eugen Kogon in seinem Erinnerungsbericht verwiesen, der viel gelesen und vielfach nachgedruckt worden ist. Eugen Kogon: *Der SS-Staat. Das System der deutschen Konzentrationslager*. Frankfurter Hefte, Frankfurt am Main 1946.

153 Dazu und zum Weiteren: Lutz Niethammer: »Alliierte Internierungslager in Deutschland nach 1945. Vergleich und offene Fragen«. In: Christian Jansen u. a. (Hrsg.): *Von der Aufgabe der Freiheit. Politische Verantwortung und bürgerliche Gesellschaft im 19. und 20. Jahrhundert. Festschrift für Hans Mommsen zum 5. November 1995*. Akademie, Berlin 1995. S. 469–492; Sergej Mironenko u. a. (Hrsg.): *Sowjetische Speziallager in Deutschland 1945–1950*, Bde. 1–2. Akademie, Berlin 1998; Peter Reif-Spirek und Bodo Ritscher (Hrsg.): *Speziallager in der SBZ. Gedenkstätten mit »doppelter Vergangenheit«*. Ch. Links, Berlin 1999.

154 Dazu: Lutz Niethammer: *Die Mitläuferfabrik. Die Entnazifizierung am Beispiel Bayerns*. Dietz, Berlin 1982.

155 In der amerikanischen Zone war es jeder 142. Einwohner, in der SBZ dagegen jeder 144. Weitaus geringer waren die Zahlen in der britischen und französischen Zone, wo nur jeder 283. und 263. Einwohner interniert war. Lutz Niethammer: »Alliierte Internierungslager«. S. 474. Die folgenden Angaben ebd. S. 474ff.

156 Ob die Sowjets darauf gemäß der Beschlüsse der Potsdamer Konferenz einen Anspruch hatten, war und ist jedoch umstritten. Vgl. dazu: Christoph Kleßmann: *Die doppelte Staatsgründung*. S. 99ff.

157 Darunter befanden sich auch einige Jugendliche und selbst einige ehemalige KZ-Häftlinge wie der so verdienstvolle Antifaschist Robert W. Zeiler.

158 Vgl. dazu: Volkhard Knigge: »Der steinerne Sieg. Zu Entstehungsgeschichte und Erinnerungsprogramm der Nationalen Mahn- und Gedenkstätte Buchenwald«. In: Kuratorium Schloss Ettersburg e. V. (Hrsg.): *Der einäugige Blick. Vom Mißbrauch der Geschichte im Nachkriegsdeutschland. 3. Buchenwald-Geschichtsseminar Erfurt, Buchenwald, Ettersburg 27.–29.11.1992*. Gutenberg, Weimar 1993. S. 39–50; Volkhard Knigge und Fritz Cremer: »Buchenwald-Denkmal«. In: Monika Flacke (Hrsg.): *Auftragskunst der DDR 1949–1990*. Klinkhardt und Biermann, München 1995. S. 106–117.

159 Vgl. dazu: Wolfgang Buschfort: *Das Ostbüro der SPD. Von der Gründung bis zur Berlin-Krise*. Oldenbourg, München 1991; Helmut Bärwald: *Das Ostbüro der SPD. 1946–1971. Kampf und Niedergang*. Sinus, Krefeld 1991.

160 Frank Hagemann: *Der Untersuchungsausschuss Freiheitlicher Juristen 1949–1969*. Lang, Frankfurt am Main 1994.

161 Joachim R. Stern: *Und der Westen schweigt. Erlebnisse, Berichte, Dokumente über Mitteldeutschland 1945–1975*. Schütz, Preußisch Oldendorf 1976; Hans Hermann Wilhelm: *Ohne Stein und ohne Namen. Aufzeichnungen aus stalinistischen Todeslagern in Deutschland*. Druffel, Leoni am Starnberger See 1974. Diese und andere Schriften wurden von den rechtsradikalen Verlagen Druffel und K. W. Schütz herausgegeben, die gleichzeitig Werke publizierten, in denen die Existenz der nationalsozialistischen Vernichtungslager geleugnet wurde.

162 Hier nur eine kleine Auswahl: Arnold Bacmeister: *Der lange Weg nach Buchenwald: Autobiographie*. Frieling, Berlin 1992; Kurt Berner: *Spezialisten hinter Stacheldraht. Ein ostdeutscher Physiker enthüllt die Wahrheit*. Brandenburgisches Verlagshaus, Berlin 1990; Rolf Bernstein: *Dreizehn Monate Gefangenschaft: meine Odyssee durch britische und sowjetische Lager*. Frieling, Berlin 1996; Helmuth Dommain: *Mit einem Bein im Massengrab in sowjetischen Schweigelagern Jamlitz und Buchenwald*. Herms, Lübben 1994; Wolfgang Eichler: *Ein Wort ging um in Buchenwald: Erlebnisbericht aus den Jahren 1945–1950*. Wartburg, Jena 1992; Jan von Flocken und Michael Klonowsky: *Stalins Lager in Deutschland 1945–1950. Dokumentation, Zeugenberichte*. dtv, München 1993; Hannelore Freisleben: *Gemartert, gemaßregelt, gehenkt. Ein Leben zwischen Krieg, Gefangenschaft und Internierungslager*. Haag und Herchen, Frankfurt am Main 1993; Achim Kilian: *Einzuweisen zur völligen Isolierung: NKWD-Speziallager Mühlberg, Elbe, 1945–1948*. Forum, Leipzig 1993; Ernst E. Klotz: *So nah der Heimat. Gefangen in Buchenwald 1945–1948*. Dietz, Bonn 1992; Günter Ochs: *Meine gestohlene Zeit … 50 Jahre danach! Erlebnisse eines Jugendlichen am Ende des zweiten Weltkrieges. Gefangenschaft, Gefängnis, Straflager II, KZ Buchenwald*. Darmstadt 1994; Landesverband der Stalinistisch Verfolgten e. V. Sachsen-Anhalt (Hrsg.): *Wir waren Stalins politische Gefangene. Schicksale ehemaliger politischer Häftlinge. Dokumente und Berichte über Besatzungswillkür und SED-Justiz*. Landesverband der Stalinistisch Verfolgten, Eisleben 1992.

163 Über einige Gräberfunde wurde mehrmals und ohne die Angabe, dass es sich jeweils um identische handelte, berichtet. Besonders sensationslüstern aufgemacht waren die folgenden *Spiegel*-Artikel: »Schläge mit Stacheldraht. Massengräber-Funde in der DDR erinnern an ein dunkles Nachkriegskapitel. Horror und Todesopfer in Lagern der sowjetischen Besatzungsmacht«. In: *Der Spiegel*, 14/1990. S. 130f.; »Vorhöfe zur Hölle. In Ostdeutschland werden Massengräber freigelegt. Zehntausende von Deutschen fielen Stalins Gulag in der Sowjetischen Besatzungszone zum Opfer«. In: *Der Spiegel*, 40/1992. S. 77–81.

164 Besonders aktiv war Gerhard Finn, der schon vorher einige Publikationen über die Speziallager verfasst hatte: Gerhard Finn: *Die politischen Häftlinge in der Sowjetzone 1945–1958*. Kampfgruppe gegen Unmenschlichkeit, Berlin 1958; ders.: *Sachsenhausen 1936–1950. Geschichte eines Lagers*. Westkreuz, Bad Münstereifel 1988.

165 So in Buchenwald, wo diese willkürlich errichteten Kreuze und Grabsteine noch heute stehen.

166 So die Inschrift auf einem Gedenkstein in Sachsenhausen, der in Gestalt eines Eisernen Kreuzes gehalten war, das sonst den Gefallenen vorbehalten ist.

167 In Buchenwald waren tatsächlich fast 90 Prozent der Häftlinge des Speziallagers kleinere und mittlere Funktionäre der NSDAP gewesen. In den anderen Speziallagern sah dies jedoch anders aus.

168 Besondes wichtig waren die Publikationen des Mitarbeiters der Gedenkstätte Bodo Ritscher. Vgl.: Bodo Ritscher: *Spezlager Nr. 2 Buchenwald. Zur Geschichte des Lagers Buchenwald 1945–1950.* Gedenkstätte Buchenwald, Weimar-Buchenwald 1993; Peter Reif-Spirek und Bodo Ritscher (Hrsg.): *Speziallager in der SBZ.*

169 Das zuständige Kuratorium hatte statt der mannshohen Stelen nur die Aufstellung von viel kleineren Grabzeichen beschlossen, was zudem durch ein deutsches Grabstättengesetz vorgegeben war. Wer die Stelen beschlossen und aufgestellt hat, darüber herrscht bis heute Unklarheit.

170 Die – sehr widersprüchlich formulierten – Empfehlungen der Sachsenhausen-Kommission sind abgedruckt in: Ministerium für Wissenschaft, Forschung und Kultur des Landes Brandenburg in Zusammenarbeit mit der Brandenburgischen Landeszentrale für Politische Bildung (Hrsg.): *Brandenburgische Gedenkstätten für die Verfolgten des NS-Regimes. Perspektiven, Kontroversen und internationale Vergleiche. Beiträge des Internationalen Gedenkstätten-Colloquiums in Potsdam am 8. und 9. März 1992.* Edition Hentrich, Berlin 1992. S. 215–262.

171 In Sachsenhausen gab es viele Häftlinge, die nicht wegen ihrer Mitgliedschaft in der NSDAP interniert, sondern von den sowjetischen Militärtribunalen zur Haft verurteilt worden waren.

172 Siehe das vom rechtsradikalen Arndt-Verlag herausgegebene Buch: Uwe Greve: *Lager des Grauens. Sowjetische KZs in der DDR nach 1945.* Arndt, Kiel 1990; sowie den Erinnerungsbericht Schirmers, der vom ebenfalls rechtsradikalen Grabert-Verlag gedruckt wurde: Gerhart Schirmer: *Sachsenhausen-Workuta. Zehn Jahre in den Fängen der Sowjets.* Grabert, Tübingen 1992. Teilweise bringen diese rechtsradikalen Verlage auch Schriften als Wiederauflagen heraus, die ursprünglich von Organisationen des Kalten Krieges wie der Kampfgruppe gegen Unmenschlichkeit und dem Ostbüro der SPD gedruckt worden sind.

173 Ehrhart Neubert: »Politische Verbrechen in der DDR«. In: Stéphane Courtois u. a.: *Das Schwarzbuch.* S. 829–884. Hier S. 861f.

174 Schuller veröffentlichte seine extrem antikommunistischen Tiraden in der sehr weit rechts stehenden Zeitschrift *MUT*, und Fischer verstieg sich zu der These, die Speziallager haben den Zweck gehabt, die »bürgerliche Elite zu isolieren, wenn nicht gar zu dezimieren«. Siehe dazu: Wolfgang Wippermann: *Konzentrationslager.* S. 116.

175 Bernhard Sagolla: *Die Rote Gestapo. Der Staatssicherheitsdienst in der Sowjetzone.* Kampfgruppe gegen Unmenschlichkeit, Berlin 1952. Ähnliche Tendenz: Erich Wollenberg: »Von der Gestapo zum SSD«. In: *Tatsachen und Berichte aus der Sowjetzone,* Nr. 4. Bonn 1950.

176 Eine große und das Stasi-Bild geradezu prägende Wirkung hatten die Publikationen des ehemaligen Häftlings und späteren Journalisten Karl Wilhelm Fricke. Karl Wilhelm Fricke: *Politik und Justiz in der DDR. Zur Geschichte der politischen Verfolgung 1945–1968. Bericht und Dokumentation.* Wissenschaft und Politik, Köln

1979; ders.: *Opposition und Widerstand in der DDR. Ein politischer Report.* Wissenschaft und Politik, Köln 1984.

177 In buchstäblich allen sowohl älteren wie neueren Überblicksdarstellungen zur Geschichte des Dritten Reiches sucht man derartige Vergleiche vergebens.

178 Dieser Vergleich wurde auch indirekt durch die Verwendung von Begriffen vorgenommen, die wie »Anatomie des SS-Staates« aus der Historiografie über die NS-Zeit bekannt und eingebürgert waren. Ein Beispiel ist: David Gill und Ulrich Schröter: *Das Ministerium für Staatssicherheit. Anatomie des Mielke-Imperiums.* Rowohlt-Berlin, Berlin 1991.

179 Hans-Ulrich Wehler: *Deutsche Gesellschaftsgeschichte 1949–1990.* C.H. Beck, München 2008.

180 Gezielte Gestapo-Stasi-Vergleiche gibt es außerdem wenige. Erwähnenswert sind die entsprechenden Aufsätze in den Sammelbänden von Ludger Kühnhardt (Hrsg.): *Die doppelte deutsche Diktaturerfahrung*; Günther Heydemann und Heinrich Oberreuter (Hrsg.): *Diktaturen in Deutschland.* In den wirklich wichtigen Werken zur Stasi wird auf derartige Vergleiche meist verzichtet: Karl Wilhelm Fricke: *Akten-Einsicht. Rekonstruktion einer politischen Verfolgung.* Ch. Links, Berlin 1997; Roger Engelmann und Clemens Vollnhals (Hrsg.): *Justiz im Dienste der Parteiherrschaft. Rechtspraxis und Staatssicherheit in der DDR.* Ch. Links, Berlin 1999; Jens Gieseke: *Die DDR-Staatssicherheit: Schild und Schwert der Partei.* Bundeszentrale für politische Bildung, Bonn 2000; Hans Joachim Schädlich (Hrsg.): *Aktenkundig.* Rowohlt, Reinbek bei Hamburg 2001.

181 Ausdrücklich als »Instrument totalitärer Herrschaft« bezeichnet und damit zumindest indirekt mit der Gestapo verglichen wird die Stasi von: Clemens Vollnhals: »Das Ministerium für Staatssicherheit. Ein Instrument totalitärer Herrschaft«. In: Hartmut Kaelble, Jürgen Kocka und Hartmut Zwahr (Hrsg.): *Sozialgeschichte der DDR.* Klett-Cotta, Stuttgart 1994. S. 498–518.

182 Wie weit die Kontrolle des KGB wirklich ging, bleibt jedoch im Ungewissen, weil die entsprechenden KGB-Akten weiter unter Verschluss gehalten werden.

183 Zu Geschichte und Aufbau der Gestapo: Robert Gellately: *Die Gestapo und die deutsche Gesellschaft. Die Durchsetzung der Rassenpolitik 1933–1945.* Schöningh, Paderborn 1993; Gerhard Paul und Klaus-Michael Mallmann (Hrsg.): *Die Gestapo. Mythos und Realität.* Wissenschaftliche Buchgesellschaft, Darmstadt 1995. Auch in diesen sowie allen älteren Darstellungen der Geschichte der Gestapo finden sich keine Vergleiche mit der Stasi.

184 Dies schloss auch die Deportation in die Konzentrationslager und die sogenannten Arbeitserziehungslager mit ein, die wiederum der Gestapo unterstanden.

185 Die Nationale Volksarmee der DDR kannte zwar auch einen – kleinen – Abwehrapparat, doch der war der Stasi unterstellt.

186 Allerdings erreichte dieses Eigenleben nie ein Ausmaß, wie Heinrich Himmler das mit seiner SS gelungen war, der tatsächlich so etwas wie einen SS-Staat innerhalb des NS-Staates geschaffen hat. Einem mit diesem SS-Staat auch nur annäherungsweise in Verbindung zu bringenden Stasi-Staat hat es in der DDR nicht gegeben.

187 1941 gehörten der Gestapo knapp 15 000 Beamte an.

188 Zu dieser außergewöhnlich großen Denunziations- und Folgebereitschaft der Deutschen in der NS-Zeit: Robert Gellately: *Hingeschaut und weggesehen. Hitler*

und sein Volk. DVA, München 2002; Jan Ruckenbiel: *Soziale Kontrolle im NS-Regime: Protest, Denunziation und Verfolgung. Zur Praxis alltäglicher Unterdrückung im Wechselspiel von Bevölkerung und Gestapo.* Dissertation an der Universität Siegen 2001.

189 Im Westen war dieser Begriff weitgehend unbekannt. Hier wurde nach wie vor über die »Vopos« geklagt (genauer gesagt handelte es sich um »Grepos«, Grenzpolizisten), die westliche Besucher beim Grenzübergang anherrschten, gefälligst das »linke Ohr freizumachen« – noch dazu meist im keineswegs gemütlichen, sondern sehr barschen Sächsisch.

190 Von derartigen Anwerbungsversuchen waren jedoch auch Bürger der BRD betroffen – eine sehr unangenehme und mitunter gefährliche Angelegenheit.

191 Diese Gerüchte einmal zu erfassen und umfassend zu analysieren wäre ein lohnendes und interessantes Unterfangen. Leider ist dies bisher noch nicht geschehen.

192 Über den Sinn und Unsinn des Begriffs »friedliche Revolution« möchte ich hier nicht weiter diskutieren. Besser als »Wende« ist er ohne Zweifel.

193 Walter Janka: *Schwierigkeiten mit der Wahrheit.* Rowohlt, Reinbek bei Hamburg 1989.

194 Handelte es sich doch bei Janka um einen absolut integren Mann, der seiner kommunistischen Überzeugung, für die er im Spanischen Bürgerkrieg gekämpft und in faschistischen Konzentrationslagern auch gelitten hatte, treu geblieben war.

195 Den Stasi-Akten wurde fortan eine Bedeutung zuerkannt, die heute schwer verständlich ist und einen fetischartigen Charakter hatte.

196 Armin Mitter und Stephan Wolle (Hrsg.): *»Ich liebe euch doch alle!« Befehle und Lageberichte des MfS, Januar-November 1989.* Basisdruck, Berlin 1990.

197 Mehr zur diesen Verschwörungsideologien in den Abschnitten über die Gauck-Behörde und die Stasi-Gedenkstätte Hohenschönhausen.

198 Dazu gehörten auch reißerische Berichte über die geheimdienstlichen Arbeitsweisen der Stasi wie das Abhören von Telefonen und das Anfertigen von Geruchsproben verdächtiger Personen. In Zeiten, in denen jeder Dorfpolizist (von Fernsehkommissaren ganz abgesehen) sofort eine DNA-Analyse vornehmen kann und in denen keineswegs nur Telefone, sondern auch Internetanschlüsse und private Computer kontrolliert werden können, wirken die erwähnten Praktiken der Stasi, die im Stasi-Museum in der Normannenstraße gezeigt werden, geradezu vorsintflutlich veraltet.

199 Dies gilt m.E. auch für den hoch gelobten und mit dem Oscar gekrönten Film *Das Leben der Anderen,* in dem der schon erwähnte Ulrich Mühe einen zusehends von Selbstzweifeln geplagten Stasi-Offizier mimt. Schauspielerisch hervorragend, inhaltlich geradezu kitschig.

200 Dass dies ein Fehler gewesen war, wurde schließlich auch zugestanden, weshalb man sich fortan auf Angriffe gegen den »SED-Staat« konzentrierte. Erst jetzt, Ende des Jahres 2008 bemerkt man, dass es neben der Staatspartei SED noch die so bezeichneten Blockparteien gegeben hat, die keineswegs so politisch einflusslos waren, wie ihre Angehörigen heute meinen. Diese sind von ihren westlichen Schwesterparteien übernommen worden und konnten zum Teil ihre politischen Karrieren fortsetzen.

201 Vgl. dazu und ihre Bekämpfung durch Hubertus Knabe Abschnitt 3.4.

202 Der Deutsche Bundestag (Hrsg.): *Materialien der Enquete-Kommission »Aufarbeitung von Geschichte und Folgen der SED-Diktatur in Deutschland« (12. Wahlperiode des Deutschen Bundestages)*, 9 Bde. in 18 Teilbänden. Nomos, Baden-Baden 1995. Die Materialien wurden übrigens von zwei kommerziellen Verlagen – Nomos und Suhrkamp – herausgebracht, aber äußerst preisgünstig verkauft, was nur durch eine kräftige Finanzspritze seitens des Staates und mit Steuergeldern möglich war.

203 Die Partei Die Linke, seinerzeit noch PDS, hatte durchaus recht, wenn sie in ihrem Schlussbericht der Enquetekommission Deutsche Einheit im Juni 1998 feststellte, dass »grundlegende Streitfragen der Geschichte sowie der Bewertung politischer und gesellschaftlicher Systeme (…) nicht mit parlamentarischen Mehrheiten entschieden werden« können. In: »Zum Schlußbericht der Enquete-Kommission ›Deutsche Einheit‹ des Bundestages«. *archiv2007.sozialisten.de*, 17.6.1998.

204 Zum Folgenden der Aufsatz des Fachhistorikers Ludwig Elm, der als Abgeordneter der PDS über ein gewisses Insiderwissen verfügte und dieses auch gebrauchte, allerdings nicht im parteiischen Sinne. Ludwig Elm: »›Zwei Diktaturen‹ – ›zwei totalitäre Regimes‹. Die Enquete-Kommissionen des Bundestages und der konservative Geschichtsrevisionismus der neunziger Jahre«. In: Johannes Klotz und Ulrich Schneider (Hrsg.): *Die selbstbewußte Nation*. S. 205–220.

205 Die Anregung zur Bildung dieser Enquetekommission kam übrigens von den DDR-Oppositionellen und Gründern der SPD in der DDR, Martin Gutzeit und Markus Meckel.

206 Jens Mecklenburg (Hrsg.): *Handbuch deutscher Rechtsextremismus*. S. 473ff.

207 Dazu: Wolfgang Wippermann: *Wessen Schuld?*. S. 80ff.

208 Der Deutsche Bundestag (Hrsg.): *Materialien*, Bd. 9. S. 582.

209 Ebd. S. 602.

210 Manfred Kittel ist der Verfasser einer Streitschrift gegen die, wie er meint, »Legende von der zweiten Schuld«, in der er die »Vergangenheitsbewältigung in der Ära Adenauer« als absolut gelungen pries und gegen alle Kritik erbittert verteidigte: Manfred Kittel: *Die Legende von der »zweiten Schuld«. Vergangenheitsbewältigung in der Ära Adenauer*. Ullstein, Berlin 1993. Heute ist Kittel Professor an einer bayerischen Universität.

211 Wolfgang Engler: »›Kommode Diktatur‹ oder ›totalitäres System‹? Die DDR im Kreuzverhör der Enquete-Kommission«. In: *Soziologische Revue*, 19/1996. S. 443–449. Hier S. 447.

212 Der Deutsche Bundestag (Hrsg.): *Materialien*, S. 707.

213 Ebd. S. 590ff.

214 Ludwig Elm: »›Zwei Diktaturen‹ – ›zwei totalitäre Regimes‹«.

215 Roman Herzog: »Wege ins Offene – Erfahrungen und Lehren aus den Diktaturen des 20. Jahrhunderts«. Rede von Bundespräsident Roman Herzog vor der Enquetekommission SED-Diktatur am 26.3.1996 in Berlin. In: *www.bundespraesident.de*, 26.3.1996.

216 Eckhard Jesse: »Zwischen SED-Diktatur und deutscher Einheit. Dickleibiges Werk der Enquête-Kommission«. In: *Neue Zürcher Zeitung*, 13.2.2001.

217 Zu dieser vom AStA der FU Berlin veranstalteten Diskussion: Torsten Harmsen: »Tribunal ohne die Angeklagten«. In: *Berliner Zeitung*, 2.2.1998; »›Wollt Ihr die totale Forschung?‹ Der SED-Forschungsverbund und der zweite Frühling der Totalitarismustheorie«. In: *Störtebeker. Zentralorgan der Fachschaftsinitiative Geschichte*, Nr. 33. Freie Universität Berlin, Februar 1998. S. 13–17. Dazu und zum Folgenden auch: Wolfgang Wippermann: »Der Forschungsverbund SED-Staat und die Renaissance der Totalitarismustheorie«. In: *agent provocateur*, Nr. 5. Otto-Suhr-Institut der FU Berlin, Berlin 1998; Wolfgang Wippermann: »Die Diktatur des Verdachts. Der Forschungsverbund SED-Staat an der Freien Universität auf Kommunistenjagd«. In: *Jungle World*, 9/1998.

218 Zur Geschichte der NofU liegt eine sehr interessante und informative studentische Broschüre vor, die während des großen FU-Streiks 1988/89 entstanden ist: Informationsausschuss des UNiMUTs (Hrsg.): *FU Berlin, ein pechschwarzes Gebilde. G*schichten über Ursachen und Hintergründe des UNiMUTs von den StudentInnen der B*freiten Universität Berlin.* AStA-Verlag, Berlin 1989.

219 Die folgenden Ausführungen stützen sich auf die oben genannten Aufsätze und Artikel. Herangezogen wurde zusätzlich die Selbstdarstellung von: Klaus Schroeder und Manfred Wilke: »Der Forschungsverbund SED-Staat an der Freien Universität«. In: Arbeitsgemeinschaft außeruniversitärer historischer Forschungseinrichtungen in der Bundesrepublik Deutschland e. V. (Hrsg.): *Historische Bibliographie. Berichtsjahr 2000.* Oldenbourg, München 2001.

220 Zu diesen verwirrenden universitätsgeschichtlichen Hintergründen: Jessica Hoffmann u. a. (Hrsg.): *Geschichte der Freien Universität Berlin. Ereignisse, Orte, Personen.* Frank und Timme, Berlin 2008.

221 Klaus Schroeder und Manfred Wilke vertreten in »Der Forschungsverbund SED-Staat« freilich eine andere Sicht der Dinge, indem sie hervorheben, dass sie schon damals »eine kontroverse Position zur systemimmanenten DDR-Forschung« eingenommen hätten, »die einen ihrer institutionellen und konzeptionellen Schwerpunkte an der FU« besessen habe. Tatsächlich hatte sich Schroeder zu diesem Zeitpunkt überhaupt noch nicht mit der DDR beschäftigt.

222 Lutz Niethammer: *Die volkseigene Erfahrung. Eine Archäologie des Lebens in der Industrieprovinz der DDR. 30 biographische Eröffnungen.* Rowohlt-Berlin, Berlin 1991.

223 Diese Beschimpfungen und Verdächtigungen mögen heute belanglos erscheinen. Damals aber war das anders. Wurde doch gerade zu dieser Zeit die Verschwörungsideologie von der weitgehenden Unterwanderung der alten Bundesrepublik durch SED und Stasi weit verbreitet – und in ebenso weiten Teilen für wahr befunden.

224 Bei Wikipedia ist zu lesen, dass allein Klaus Schroeder zwischen 1986 und 2005 Forschungsgelder in Höhe von zwei Millionen Euro eingeworben haben soll. Diese Information, offensichtlich von Klaus Schroeder selbst stammend, wird als Beweis für den wissenschaftlichen Charakter des Forschungsverbundes angesehen. Wissenschaft soll nach der Höhe der eingeworbenen Drittmittel bewertet werden! Wenn das Schule macht, kann Wissenschaft gleich ganz ge- oder den Banken überlassen werden.

225 Der 1941 geborene Wilke hatte sich außerdem mit der Geschichte der Gewerk-

schaften beschäftigt. Er war bis zu seiner Pensionierung im Jahr 2006 Professor für Soziologie an der Fachhochschule für Wirtschaft in Berlin. Parteipolitisch engagierte er sich in der CDU und wurde 2005 in den Vorstand der Berliner CDU gewählt.

226 Nach seinem skandalösen Vortrag bei der rechtsradikalen Burschenschaft Danubia im Jahr 1998, der in der ebenfalls rechtsradikalen *Jungen Freiheit* veröffentlicht wurde, ist Rabehl immer weiter nach rechts abgedriftet. 2007 trat er als Kandidat der rechtsradikalen »Bremen muß leben«-Partei bei den Wahlen zur Bremischen Bürgerschaft an. Zu dem Zeitpunkt war Rabehl aber kein Mitglied des Forschungsverbundes mehr.

227 Zu erwähnen sind hier vor allem die Arbeiten des inzwischen ausgeschiedenen Mitarbeiters Martin Jander über die Opposition in der DDR.

228 Zum Folgenden vor allem die Selbstdarstellung von Klaus Schroeder und Manfred Wilke: »Der Forschungsverbund SED-Staat«, in dem die zahlreichen Forschungen keineswegs nur genannt, sondern in einer geradezu marktschreierischen Weise gepriesen werden, was kein Spezifikum des Forschungsverbundes ist, sondern heute leider weit verbreitet ist.

229 Diese Verschwörungsideologie wurde auch von Joachim Gauck und seiner Behörde sowie von dem Direktor der Gedenkstätte Berlin-Hohenschönhausen Hubertus Knabe verbreitet. Vgl. dazu die nächsten Abschnitte (3.3. und 3.4).

230 In der letzten Zeit haben Mitarbeiter des Forschungsverbandes auch einige Studien und bestellte Gutachten über die Stasi-Belastung einiger Zeitungen und Fernsehsender beigesteuert, die ebenfalls die allgemeine Diktatur des Verdachts bestätigen.

231 Klaus Schroeder: *Der SED-Staat*. Dieses Buch erschien zwar in einem kommerziellen Verlag, wurde dann aber von einigen Landeszentralen – zunächst der bayerischen – für politische Bildung aufgekauft und kostenlos verteilt. Dies trug natürlich wesentlich zu Auflagenhöhe und Verbreitungsgrad bei.

232 Zu Beginn werden diese Totalitarismustheorien, vor allem das Modell von Friedrich und Brzezinski zwar zustimmend erwähnt, aber dann in keiner Weise angewendet. Dass Hannah Arendt sich gegen eine solche Charakterisierung der DDR aussprach, wird dagegen verschwiegen.

233 Klaus Schroeder: *Der SED-Staat*. S. 645.

234 Klaus Schroeder: »Was haben Hitler, Stalin und Ulbricht gemein?«. In: *Die Welt*, 7.11.2007. Die folgenden Ausführungen konzentrieren sich auf diesen Artikel, in dem Schroeder seine Position und geschichtspolitische Zielsetzung in bemerkenswerter Klarheit offenlegt.

235 Klaus Schroeder und Monika Deutz-Schroeder: *Soziales Paradies oder Stasi-Staat? Das DDR-Bild von Schülern. Ein Ost-West-Vergleich*. Vögel, München 2008.

236 Bodo von Borries: »Vergleichendes Gutachten zu zwei empirischen Studien über Kenntnisse und Einstellungen von Jugendlichen zur DDR-Geschichte«. Hamburg 2008. In: *berlin.de*. Senatsverwaltung für Bildung, Wissenschaft und Forschung Berlin, Berlin 2008. Bei Bodo von Borries handelt es sich um einen echten Kenner der Materie. Vgl. seine Untersuchung: Bodo von Borries: *Das Geschichtsbewußtsein Jugendlicher. Erste repräsentative Untersuchung über Vergangenheitsdeu-*

tungen, *Gegenwartswahrnehmungen und Zukunftserwartungen von Schülerinnen und Schülern in Ost- und Westdeutschland.* Juventa, Weinheim 1995.

237 Dazu beigetragen hatte natürlich die, wie erwähnt, intensive Öffentlichkeitsarbeit des Forschungsverbundes. Obwohl höchst umstritten, werden die Ergebnisse dieser Umfrage von interessierten Politikern immer wieder zitiert und als Argument verwendet, um eine intensivere Behandlung der Geschichte der DDR zu fordern. Dem ist grundsätzlich zuzustimmen. Die Frage ist nur, welches Bild der DDR letztendlich vermittelt werden soll. Wenn fortgefahren wird, das bisherige dämonisierte zu vermitteln, wird nicht viel oder allenfalls Abwehrreaktionen erreicht werden.

238 Im Folgenden wird auf den NS-Staat fokussiert, der in keinem Standardwerk so dargestellt wird, wie Schroeder ihn sieht. Dies muss hier nicht im Einzelnen begründet werden.

239 Diese Argumentation sollte vollständig zitiert werden: »So entsteht ein selektives Gedächtnis, das die Verbrechen des Nationalsozialismus sehr umfassend und genau erinnert, die kommunistischen Verbrechen dagegen nur oberflächlich und lückenhaft. Liberalen und konservativen Historikern und Politikern wird zudem vorgeworfen, mit der Kritik an der DDR und am Kommunismus schlechthin die deutsche Geschichte umschreiben zu wollen. Seinen Höhepunkt hatte dieses Treiben im Historikerstreit der 8oer Jahre, von dem die beteiligten Linksintellektuellen heute lieber verschämt schweigen.«

240 Erstaunlicherweise liegt noch keine Biografie über Gauck vor, dafür einige Streitschriften gegen ihn. Zum Beispiel: Jochen Zimmer (Hrsg.): *Gauck-Lesebuch. Eine Behörde abseits der Verfassung?.* Eichborn, Frankfurt am Main 1998. In diesem Sammelband haben sich vor allem einige Personen geäußert, die sich von Gauck und seiner Behörde schlecht behandelt oder falsch eingeschätzt gefühlt haben. Ich selbst bin mit einem Beitrag über »Gauck und das Schwarzbuch« vertreten.

241 Nach eigenen Aussagen hat sich ihm auch die »gewaltsame Niederschlagung des Volksaufstandes (vom 17. Juni 1953) tief eingeprägt«. Vgl.: Joachim Gauck: »Vom schwierigen Umgang mit der Wahrnehmung«. In: Stéphane Courtois u. a.: *Das Schwarzbuch.* S. 885–894.

242 Gemeint ist hier nicht nur das Bekenntnis zur Schuld der Kirche und wie man der Opfer gedenkt, sondern auch die daraus abgeleiteten theologischen Folgerungen wie etwa die Aufgabe der Judenmission.

243 In dem bereits erwähnten Aufsatz im *Schwarzbuch* hat Gauck sich selbst angeklagt, viel zu lange die »Taktik des friedlichen Ausgleiches« verfolgt zu haben. Joachim Gauck: »Vom schwierigen Umgang«. S. 890.

244 Nach eigenen Aussagen war er aber kein Gegner des »Kirche im Sozialismus«-Kurses, weshalb er auch die »Position des Realismus übernommen« habe. Ebd. S. 889.

245 Nach seinem Ausscheiden aus dem Dienst hat er im Jahr 2001 sogar für einige Monate eine nach ihm benannte Talkshow moderiert.

246 Darunter befanden sich verschiedene ehemalige Bürgerrechtler, die meist eine Stelle innerhalb des sogenannten Wissenschaftlichen Dienstes bekamen. Unter ihnen war auch der Schriftsteller Jürgen Fuchs, von dem das unselige Diktum vom »Auschwitz in den Seelen« stammte, der während seiner Zeit als Mitarbeiter der Gauck-Behörde ein unsägliches Buch über eben diese Behörde verfasste.

Jürgen Fuchs: *Magdalena. MFS. Mefiblues, Stasi, Die Firma, VEB Hoch & Gauck.* Rowohlt-Berlin, Berlin 1998.

247 Christiaan Frederik Rüter: »Das Wunder von Ludwigsburg. Die Zentralstelle zur Aufklärung von NS-Verbrechen wird 50«. In: *Der Tagesspiegel,* 23.11.2008.

248 Diese archivalische Erfassung der Stasi-Akten, wozu vor allem das Anlegen von Findbüchern gehörte, kam nur sehr schleppend voran und scheint selbst heute noch nicht ganz abgeschlossen zu sein. Angesichts der Tatsache, dass die meisten Mitarbeiter wie ihr Chef Gauck selbst keine Fachleute, also Archivare waren, nimmt das nicht weiter Wunder. Diese mangelnde fachliche Kompetenz ist stets, zunächst allerdings hinter vorgehaltener Hand, von den Archivaren des Bundesarchivs kritisiert worden. Ein geradezu vernichtendes Urteil kam dann vom ehemaligen Mitarbeiter der Gauck-Behörde Hubertus Knabe, der ebenfalls die Integration der Behörde in das Bundesarchiv forderte. Vgl.: Hubertus Knabe: »Mielkes schweres Erbe. Wie die Aufarbeitung der Stasi-Akten neu organisiert werden könnte«. In: *Spiegel online,* 15.8.2007.

249 Joachim Gauck: *Die Stasi-Akten. Das unheimliche Erbe der DDR.* Rowohlt, Reinbek bei Hamburg 1991. Ähnliche Schriften sind dann auch von den Mitarbeitern des Wissenschaftlichen Dienstes der Gauck-Behörde verfasst worden. Da ihr Inhalt jedoch den allgemeinen gesetzlichen Bestimmungen unterlag, haben sich einige der hier mit vollem Namen genannten Personen dagegen unter Anrufung der Gerichte gewehrt, was wiederum in der Öffentlichkeit auf scharfe Kritik stieß, die bis heute anhält.

250 Nach außen trat dabei eher Gaucks Amtskollege und enger Mitarbeiter Ehrhart Neubert in Erscheinung. Vgl.: Ehrhart Neubert: *Untersuchung zu den Vorwürfen gegen den Ministerpräsidenten des Landes Brandenburg, Dr. Manfred Stolpe.* Fraktion Bündnis im Landtag Brandenburg, Potsdam 1992.

251 Diese Angaben stammen von Hubertus Knabe. Vgl. dazu: Heike Haarhoff: »Ein Mann auf der Lauer«. In: *taz,* 29.11.2006.

252 Dazu: Klaus Marxen und Gerhard Werle (Hrsg.): *Strafjustiz und DDR-Unrecht,* Bd. 5. de Gruyter, Berlin 2007.

253 Träfe dies zu, wäre das ein sehr bedenklicher Vorgang, der ein äußerst negatives Licht auf die an sich doch so guten deutsch-amerikanischen Beziehungen würfe.

254 Die Namen von ausländischen Agenten oder solchen, die einen ausländisch klingenden Namen führten, sind, so ist im Umlauf, getilgt worden – was eine weitere Ungeheuerlichkeit wäre.

255 Spektakuläre Fälle scheinen nicht mehr darunter zu sein. In der Öffentlichkeit wurde jedenfalls nur die tatsächliche oder auch nur angebliche Stasi-Tätigkeit des ARD-Sportreporters Hagen Boßdorf und des investigativen linken Journalisten Günter Wallraff skandalisiert.

256 Vgl. Toralf Staud: »Wer hat Angst vor ›Rosenholz‹?«. In: *Die Zeit,* 22.6.2006. In diesem Artikel werden mögliche politische Rücksichtnahmen vermutet. M. E. ist das genaue Gegenteil der Fall. Die Rosenholz-Dateien scheinen sich als ausgesprochener Flop erwiesen zu haben. Von der großen Stasi-Verschwörung kann keine Rede sein.

257 Vgl. dazu den geradezu ätzenden Kommentar von Hubertus Knabe: »Mielkes schweres Erbe«.

258 In dem in der Einleitung erwähnten Gedenkstättenkonzept des Kulturstaatsministers Bernd Neumann ist bereits von einer »mittelfristig« anzustrebenden Auflösung der Birthler-Behörde die Rede.

259 Joachim Gauck: »Vom schwierigen Umgang«. S. 885–894. Die folgenden Zitate
ebd.

260 Jan Fleischhauer: »Keine Spur von Diktatur«. In: *Der Spiegel*, 45/2008. S. 174–177.
Die Charakterisierung Knabes ist es wert, zitiert zu werden: »Hubertus Knabe ist
ein schlanker Mann mit blonden, in die Stirn wippenden Haaren und dunklen,
von langen Schreibnächten umschatteten Augen. Er hat sich eine gedehnte Sprache mit langen Pausen zwischen den Sätzen angewöhnt, das gibt seinen Auftritten
etwas Pastorales …«

261 Zu Knabe gibt es zwar noch keine Biografie, wohl aber verschiedene biografische
Artikel unterschiedlicher Qualität. Sehr polemisch ist: Mathias Wedel: »Der Knabe.
Ein Antikommunist aus dem Gruselbuch«. In: *Konkret*, 7/2006. Informativ und
dennoch durchaus kritisch dagegen: Heike Haarhoff: »Ein Mann auf der Lauer«.

262 Heike Haarhoff: »Ein Mann auf der Lauer«. Hierin berichtet die Journalistin, dass
Knabe auch weiterhin von der Stasi bespitzelt worden ist. Darunter von einem
mit ihm und seiner Frau eng befreundeten Pastor, der dann ebenfalls in den Westen gegangen ist. Knabe hat dies bei der Einsicht in seine Stasi-Akten erfahren,
woraufhin seine Frau diesen Pastor in Zusammenarbeit mit der Illustrierten *Stern*
öffentlich bloßgestellt hat.

263 Klaus Ehring und Martin Dallwitz: *Schwerter zu Pflugscharen. Friedensbewegung
in der DDR*. Rowohlt, Reinbek bei Hamburg 1982.

264 Hubertus Knabe: *Umweltkonflikte im Sozialismus. Möglichkeiten und Grenzen ge-
sellschaftlicher Problemartikulation in sozialistischen Systemen. Eine vergleichende
Analyse der Umweltdiskussion in der DDR und Ungarn*. Wissenschaft und Politik,
Köln 1993.

265 Hubertus Knabe (Hrsg.): *Aufbruch in eine andere DDR. Reformer und Oppositionelle zur Zukunft ihres Landes*. Rowohlt, Reinbek bei Hamburg 1989.

266 Hubertus Knabe: *West-Arbeit des MfS. Das Zusammenspiel von »Aufklärung« und
»Abwehr«*. Ch. Links, Berlin 1999; ders.: *Die unterwanderte Republik. Stasi im
Westen*. Propyläen, Berlin 1999; ders.: *Der diskrete Charme der DDR. Stasi und
Westmedien*. Propyläen, Berlin 2001.

267 Ob dies rechtlich immer ganz korrekt war, ist jedoch zu bezweifeln und wurde
ihm dann auch von der Leitung der Gauck-Behörde vorgeworfen.

268 Die äußerst rechtslastige Landsmannschaft Ostpreußen meldete noch am 21. April
2001, dem »DDR-Forscher Knabe droht jetzt die Entlassung«. Begründet wurde
das mit dem verschwörungsideologischen Hinweis auf eine »unsichtbare Front«
von Linken und Liberalen, die sich gegen Knabe gewendet habe. Peter Fischer:
»SED-Erblast. Unverfrorener Täterschutz«. In: *Das Ostpreußenblatt*, 21.4.2001.

269 Dieser Vorwurf ist grotesk und wirft ein bezeichnendes Licht auf die Zustände,
die innerhalb dieser Behörde herrschten.

270 Die im Folgenden skizzierte Geschichte von Hohenschönhausen ist nach wie vor
nicht hinreichend aufgearbeitet worden und ist, gerade was die Vorgeschichte
angeht, noch lückenhaft.

271 Inhaftiert und verhört wurden vornehmlich solche Personen, die der versuchten Republikflucht beschuldigt wurden. Später befanden sich hier auch einige prominente Oppositionelle wie Rudolf Bahro, Bärbel Bohley und Jürgen Fuchs in Haft.

272 Dazu die knappe Informationsschrift: Peter Erler und Hubertus Knabe: *Der verbotene Stadtteil. Stasi-Sperrbezirk Berlin-Hohenschönhausen.* Jaron, Berlin 2005.

273 Erst in neueren Stadtplänen ist dieses Stasi-Viertel wieder eingezeichnet. Vorher war es schlicht verschwunden.

274 Erhalten geblieben waren auch Teile der Einrichtungen und des sonstigen Interieurs, was von den Zellen bis hin zu den Vernehmungszimmern reichte, die mit ihren Blümchentapeten und Einheitsschrankwänden die ganze Spießigkeit und Dürftigkeit der DDR repräsentierten. Ein Weiteres waren die noch maschinellen klobigen Schreibmaschinen, auf denen die Verhöre getippt wurden. All das wirkte zumindest sehr authentisch. Vor allem beeindruckt der Kontrast zwischen der Dürftigkeit der Zellen der Opfer und der Spießigkeit der Vernehmungszimmer der Stasi-Täter.

275 Die Kritik der übrigen Gedenkstättenleiter und sonstigen Fachleute wurde allerdings eher intern als öffentlich vorgetragen und war überdies auch interessengeleitet, ging es doch um die Verteilung der sich verringernden Gelder der öffentlichen Hand.

276 Meldungen darüber wurden mehrmals in der Berliner Lokalpresse veröffentlicht.

277 Dies wird selbst in dem ansonsten ziemlich apologetischen Artikel von Heike Haarhoff erwähnt und kritisiert. Heike Haarhoff: »Ein Mann auf der Lauer«.

278 Hubertus Knabe: *Die Täter sind unter uns. Über das Schönreden der SED-Diktatur.* Propyläen, Berlin 2007.

279 Zitiert nach: Heike Haarhoff: »Ein Mann auf der Lauer«.

280 Außerdem trat Knabe immer wieder in der Öffentlichkeit als selbst ernannter Anwalt der ehemaligen Opfer der Stasi auf, die für ihre Leiden mehr entschädigt werden sollten, als dies bisher geschehen ist. Wie er diese unterschiedlichen Interessen bei seiner sonstigen beruflichen Belastung vertreten konnte, ist rätselhaft.

281 Hubertus Knabe: *17. Juni 1953. Ein deutscher Aufstand.* Propyläen, Berlin 2003.

282 Hubertus Knabe: *Tag der Befreiung? Das Kriegsende in Ostdeutschland.* Propyläen, Berlin 2005.

283 Hubertus Knabe: »Mielkes schweres Erbe«.

284 In dem eingangs erwähnten *Spiegel*-Artikel von Jan Fleischhauer wird Knabe folgendermaßen zitiert: »Erst wenn die kommunistische Diktatur den Deutschen so präsent ist wie das Verbrechensregime der Nationalsozialisten, ist die Aufarbeitung gelungen.«.

285 »Leiter der Stasi-Gedenkstätte Hohenschönhausen kritisiert Gedenkstättenkonzept«. In: *Kultur heute.* Deutschlandfunk, 18.6.2008.

Literaturverzeichnis

Ackermann, Ulrike: *Sündenfall der Intellektuellen. Ein deutsch-französischer Streit von 1945 bis heute.* Klett-Cotta, Stuttgart 2000.

Anweiler, Oskar: »Totalitäre Erziehung? Eine vergleichende Untersuchung zum Problem des Totalitarismus«. In: Bruno Seidel und Siegfried Jenkner (Hrsg.): *Wege der Totalitarismus-Forschung.* Wissenschaftliche Buchgesellschaft, Darmstadt 1968. S. 513–531.

Appenzeller, Gerd: »Der Schicksalstag. Deutschland im November«. In: *Der Tagesspiegel*, 9.11.2008.

Arendt, Hannah: *Elemente und Ursprünge totaler Herrschaft*, Bde. 1–3. Ullstein, Berlin 1975 (zuerst 1951).

Backes, Uwe und Eckhard Jesse: *Politischer Extremismus in der Bundesrepublik Deutschland*, Bde. 1–3. Verlag Wissenschaft und Politik, Köln 1989.

Backes, Uwe und Eckhard Jesse: »Totalitarismus und Totalitarismusforschung. Zur Renaissance einer lange tabuisierten Konzeption«. In: *Jahrbuch Extremismus und Demokratie*, Nr. 4. Bonn/Berlin 1992. S. 7–27.

Backes, Uwe, Eckhard Jesse und Rainer Zitelmann (Hrsg.): *Die Schatten der Vergangenheit. Impulse zur Historisierung des Nationalsozialismus.* Propyläen, Frankfurt am Main 1990.

Backes, Uwe: »Gestalt und Bedeutung des intellektuellen Rechtsextremismus in Deutschland«. In: *Aus Politik und Zeitgeschichte*, Bd. 46. Bundeszentrale für politische Bildung, Berlin 2001.

Bacmeister, Arnold: *Der lange Weg nach Buchenwald: Autobiographie.* Frieling, Berlin 1992.

Bärwald, Helmut: *Das Ostbüro der SPD. 1946–1971. Kampf und Niedergang.* Sinus, Krefeld 1991.

Beckerath, Erwin von: *Wesen und Werden des fascistischen Staates.* Julius Springer, Berlin 1927.

Beckerath, Erwin von: »Fascismus und Bolschewismus«. In: *Volk und Reich der Deutschen*, Bd. 3. Berlin 1929. S. 134–153.

Berndt, Günter und Reinhard Strecker: *Polen, ein Schauermärchen oder Gehirnwäsche für Generationen.* Rowohlt, Reinbek bei Hamburg 1971.

Berner, Kurt: *Spezialisten hinter Stacheldraht. Ein ostdeutscher Physiker enthüllt die Wahrheit.* Brandenburgisches Verlagshaus, Berlin 1990.

Bernstein, Rolf: *Dreizehn Monate Gefangenschaft: meine Odyssee durch britische und sowjetische Lager.* Frieling, Berlin 1996.

Bessel, Richard und Ralph Jessen (Hrsg.): *Die Grenzen der Diktatur. Staat und Gesellschaft in der DDR.* Vandenhoeck und Ruprecht, Göttingen 1996.

Borries, Bodo von: *Das Geschichtsbewußtsein Jugendlicher. Erste repräsentative Untersuchung über Vergangenheitsdeutungen, Gegenwartswahrnehmungen und Zukunftserwartungen von Schülerinnen und Schülern in Ost- und Westdeutschland.* Juventa, Weinheim 1995.

Borries, Bodo von: »Vergleichendes Gutachten zu zwei empirischen Studien über Kenntnisse und Einstellungen von Jugendlichen zur DDR-Geschichte«. Hamburg 2008. In: *berlin.de.* Senatsverwaltung für Bildung, Wissenschaft und Forschung Berlin, Berlin 2008.

Boventer, Gregor Paul: *Grenzen politischer Freiheit im demokratischen Staat. Das Konzept der streitbaren Demokratie in einem internationalen Vergleich.* Duncker und Humblot, Berlin 1985.

Bracher, Karl Dietrich: *Schlüsselwörter in der Geschichte. Mit einer Betrachtung zum Totalitarismusproblem.* Droste, Düsseldorf 1978.

Braun, Jürgen: »Stiller Sieg eines Begriffes«. In: *Das Parlament,* 11./18.11.1994.

Brünneck, Alexander von: *Politische Justiz gegen Kommunisten in der Bundesrepublik Deutschland 1949–1968.* Suhrkamp, Frankfurt am Main 1978.

Bullock, Alan: *Hitler und Stalin. Parallele Leben.* Siedler, Berlin 1991.

Bundesministerium des Innern (Hrsg.): *Verfassungsschutzbericht 1993.* Bonn 1994.

Burleigh, Michael und Wolfgang Wippermann: *The Racial State. Germany 1933–1945.* Cambridge University Press, Cambridge 1991.

Buschfort, Wolfgang: *Das Ostbüro der SPD. Von der Gründung bis zur Berlin-Krise.* Oldenbourg, München 1991.

Cohn-Bendit, Daniel: »Wer vom Totalitarismus schweigt, sollte auch nicht über die Freiheit reden«. In: Wolfgang Kraushaar: *Linke Geisterfahrer. Denkanstöße für eine antitotalitäre Linke. Mit einer Einleitung von Daniel Cohn-Bendit.* Neue Kritik, Frankfurt am Main 2001. S. 7–18.

Courtois, Stéphane u. a.: *Das Schwarzbuch des Kommunismus. Unterdrückung, Verbrechen und Terror.* Piper, München 1998.

Dähn, Horst: *Das politische System der DDR 1949–1985.* Wissenschaftlicher Autoren-Verlag, Berlin 1985.

Denninger, Erhard (Hrsg.): *Freiheitliche demokratische Grundordnung. Materialien zum Staatsverständnis und zur Verfassungswirklichkeit der Bundesrepublik,* Bd. 1. Suhrkamp, Frankfurt am Main 1977.

Der Deutsche Bundestag (Hrsg.): *Materialien der Enquete-Kommission »Aufarbeitung von Geschichte und Folgen der SED-Diktatur in Deutschland« (12. Wahlperiode des Deutschen Bundestages),* 9 Bde. in 18 Teilbänden. Nomos, Baden-Baden 1995.

Dommain, Helmuth: *Mit einem Bein im Massengrab in sowjetischen Schweigelagern Jamlitz und Buchenwald.* Herms, Lübben 1994.

Ehring, Klaus und Martin Dallwitz: *Schwerter zu Pflugscharen. Friedensbewegung in der DDR.* Rowohlt, Reinbek bei Hamburg 1982.

Eichler, Wolfgang: *Ein Wort ging um in Buchenwald: Erlebnisbericht aus den Jahren 1945–1950.* Wartburg, Jena 1992.

Elm, Ludwig: »›Zwei Diktaturen‹ – ›zwei totalitäre Regimes‹. Die Enquete-Kommissionen des Bundestages und der konservative Geschichtsrevisionismus der neunziger Jahre«. In: Johannes Klotz und Ulrich Schneider (Hrsg.): *Die selbstbewußte Nation und ihr Geschichtsbild. Geschichtslegenden der Neuen Rechten. Faschismus, Holocaust, Wehrmacht.* Papyrossa, Köln 1997. S. 205–220.

Elm, Ludwig: »Zum Beispiel DDR – totalitär und stalinistisch? Anmerkungen zu Herkunft und Differenzierung der Totalitarismus-Konzeption sowie ihrer erneuten politischen Instrumentalisierung«. Rosa-Luxemburg-Stiftung Thüringen e. V., Jena 2004.

Engelmann, Roger und Clemens Vollnhals (Hrsg.): *Justiz im Dienste der Parteiherrschaft. Rechtspraxis und Staatssicherheit in der DDR.* Ch. Links, Berlin 1999.

Engler, Wolfgang: »›Kommode Diktatur‹ oder ›totalitäres System‹? Die DDR im Kreuzverhör der Enquete-Kommission«. In: *Soziologische Revue,* 19/1996. S. 443–449.

Erler, Peter und Hubertus Knabe: *Der verbotene Stadtteil. Stasi-Sperrbezirk Berlin-Hohenschönhausen.* Jaron, Berlin 2005.

Everts, Carmen: *Politischer Extremismus. Theorie und Analyse am Beispiel der Parteien REP und PDS.* Weißensee, Berlin 2000.

Faul, Erwin: *Der moderne Machiavellismus.* Kiepenheuer und Witsch, Köln 1961.

Faulenbach, Bernd u. a. (Hrsg.): »*Die Partei hatte immer recht«. Aufarbeitung von Geschichte und Folgen der SED-Diktatur.* Klartext, Essen 1994.

Finn, Gerhard: *Die politischen Häftlinge in der Sowjetzone 1945–1958.* Kampfgruppe gegen Unmenschlichkeit, Berlin 1958.

Finn, Gerhard: *Sachsenhausen 1936–1950. Geschichte eines Lagers.* Westkreuz, Bad Münstereifel 1988.

Fischer, Peter: »SED-Erblast. Unverfrorener Täterschutz«. In: *Das Ostpreußenblatt,* 21.4.2001.

Fleischhauer, Jan: »Keine Spur von Diktatur«. In: *Der Spiegel,* 45/2008. S. 174–177.

Flocken, Jan von und Michael Klonowsky: *Stalins Lager in Deutschland 1945–1950. Dokumentation, Zeugenberichte.* dtv, München 1993.

Ford, Guy Stanton (Hrsg.): *Dictatorship in the Modern World.* University of Minnesota Press, Minneapolis 1939.

Forsthoff, Ernst: *Der totale Staat.* Hanseatische Verlags-Anstalt, Hamburg 1933.

Freisleben, Hannelore: *Gemartert, gemaßregelt, gehenkt. Ein Leben zwischen Krieg, Gefangenschaft und Internierungslager.* Haag und Herchen, Frankfurt am Main 1993.

Fricke, Karl Wilhelm: *Politik und Justiz in der DDR. Zur Geschichte der politischen Verfolgung 1945–1968. Bericht und Dokumentation.* Wissenschaft und Politik, Köln 1979.

Fricke, Karl Wilhelm: *Opposition und Widerstand in der DDR. Ein politischer Report.* Wissenschaft und Politik, Köln 1984.

Fricke, Karl Wilhelm: *Akten-Einsicht. Rekonstruktion einer politischen Verfolgung.* Ch. Links, Berlin 1997.

Friedrich, Carl Joachim unter Mitarbeit von Zbigniew K. Brzezinski: *Totalitäre Diktatur.* Kohlhammer, Stuttgart 1957.

Friedrich, Wolfgang Uwe: »Denkblockaden. Das Totalitarismusmodell aus der Sicht der PDS«. In: Rainer Eckert und Bernd Faulenbach (Hrsg.): *Halbherziger Re-*

visionismus. Zum postkommunistischen Geschichtsbild. Olzog, München 1996. S. 111–139.

Fuchs, Jürgen: *Magdalena. MFS. Meßblues, Stasi, Die Firma, VEB Hoch & Gauck.* Rowohlt-Berlin, Berlin 1998.

Funke, Manfred: »Extremismus und offene Gesellschaft – Anmerkungen zur Gefährdung und Selbstgefährdung des demokratischen Rechtsstaates«. In: Manfred Funke (Hrsg.): *Extremismus im demokratischen Rechtsstaat.* Droste, Düsseldorf 1978. S. 14–46.

Funke, Manfred (Hrsg.): *Totalitarismus. Ein Studien-Reader zur Herrschaftsanalyse moderner Diktaturen.* Droste, Düsseldorf 1978.

Furet, François: *Das Ende der Illusion.* Piper, München 1996.

Gauck, Joachim: *Die Stasi-Akten. Das unheimliche Erbe der DDR.* Rowohlt, Reinbek bei Hamburg 1991.

Gauck, Joachim: »Vom schwierigen Umgang mit der Wahrnehmung«. In: Stéphane Courtois u. a.: *Das Schwarzbuch des Kommunismus. Unterdrückung, Verbrechen und Terror.* Piper, München 1998. S. 885–894.

Gay, Peter: *Freud, Juden und andere Deutsche. Herren und Opfer in der modernen Kultur.* dtv, München 1989.

Geiss, Immanuel: *Der Hysterikerstreit. Ein unpolemischer Essay.* Bouvier, Bonn 1992.

Gellately, Robert: *Die Gestapo und die deutsche Gesellschaft. Die Durchsetzung der Rassenpolitik 1933–1945.* Schöningh, Paderborn 1993.

Gellately, Robert: *Hingeschaut und weggesehen. Hitler und sein Volk.* DVA, München 2002.

Gerhart, Walter (d. i. Waldemar Gurian): *Um des Reiches Zukunft. Nationale Wiedergeburt oder politische Reaktion?.* Herder, Freiburg 1932.

Gieseke, Jens: *Die DDR-Staatssicherheit: Schild und Schwert der Partei.* Bundeszentrale für politische Bildung, Bonn 2000.

Gill, David und Ulrich Schröter: *Das Ministerium für Staatssicherheit. Anatomie des Mielke-Imperiums.* Rowohlt-Berlin, Berlin 1991.

Glaeßner, Gert-Joachim (Hrsg.): *Die DDR in der Ära Honecker. Politik, Kultur, Gesellschaft.* Westdeutscher Verlag, Köln-Opladen 1988.

Gleason, Abbot: *Totalitarianism. The Inner History of the Cold War.* Oxford University Press, New York 1995.

Grebing, Helga: *Linksradikalismus gleich Rechtsradikalismus. Eine falsche Gleichung.* Kohlhammer, Stuttgart 1971.

Greve, Uwe: *Lager des Grauens. Sowjetische KZs in der DDR nach 1945.* Arndt, Kiel 1990.

Haarhoff, Heike: »Ein Mann auf der Lauer«. In: *taz,* 29.11.2006.

Habermas, Jürgen: »Was bedeutet ›Aufarbeitung der Vergangenheit‹ heute? Bemerkungen zur ›doppelten Vergangenheit‹«. In: ders.: *Die Moderne – ein unvollendetes Projekt. Philosophisch-politische Aufsätze 1977–1992.* Reclam, Leipzig 1992. S. 242–267.

Hagemann, Frank: *Der Untersuchungsausschuss Freiheitlicher Juristen 1949–1969.* Lang, Frankfurt am Main 1994.

Harmsen, Torsten: »Tribunal ohne die Angeklagten«. In: *Berliner Zeitung*, 2.2.1998.

Heitzer, Enrico: *»Affäre Walter«. Die vergessene Verhaftungswelle.* Metropol, Berlin 2008.

Herzog, Roman: »Wege ins Offene – Erfahrungen und Lehren aus den Diktaturen des 20. Jahrhunderts«. Rede von Bundespräsident Roman Herzog vor der Enquetekommission SED-Diktatur am 26.3.1996 in Berlin. In: *www.bundespraesident.de*, 26.3.1996.

Heuer, Uwe-Jens: »Totalitarismus – Karriere eines Begriffs«. In: *Marxistische Blätter*, Nr. 33. Neue Impulse, Essen 1995. S. 62–70.

Heydemann, Günther und Detlef Schmiechen-Ackermann: »Theorie und Methodologie vergleichender Diktaturforschung«. In: Günther Heydemann und Heinrich Oberreuter (Hrsg.): *Diktaturen in Deutschland – Vergleichsaspekte. Strukturen, Institutionen und Verhaltensweisen.* Bundeszentrale für politische Bildung, Bonn 2003. S. 9–56.

Hoffmann, Jessica u. a. (Hrsg.): *Geschichte der Freien Universität Berlin. Ereignisse, Orte, Personen.* Frank und Timme, Berlin 2008.

Informationsausschuss des UNiMUTs (Hrsg.): *FU Berlin, ein pechschwarzes Gebilde. G*schichten über Ursachen und Hintergründe des UNiMUTs von den StudentInnen der B*freiten Universität Berlin.* AStA-Verlag, Berlin 1989.

Jäckel, Eberhard: »Zweierlei Vergangenheit«. In: *Der Spiegel*, 52/1991.

Jäckel, Eberhard: *Die zweifache Vergangenheit. Zum Vergleich politischer Systeme. Vortrag vor dem Gesprächskreis Geschichte der Friedrich-Ebert-Stiftung in Bonn am 11. Juni 1992.* Friedrich-Ebert-Stiftung, Bonn 1992.

Jänicke, Martin: *Totalitäre Herrschaft: Anatomie eines politischen Begriffes.* Duncker und Humblot, Berlin 1971.

Janka, Walter: *Schwierigkeiten mit der Wahrheit.* Rowohlt, Reinbek bei Hamburg 1989.

Jarausch, Konrad Hugo: »Sozialismus als Fürsorgediktatur. Zur begrifflichen Einordnung der DDR«. In: *Aus Politik und Zeitgeschichte*, Bd. 20. Bundeszentrale für politische Bildung, Berlin 1998. S. 33–46.

Jesse, Eckhard (Hrsg.): *Bundesrepublik Deutschland und Deutsche Demokratische Republik. Die beiden deutschen Staaten im Vergleich.* Colloquium, Berlin 1985.

Jesse, Eckhard: »War die DDR totalitär?«. In: *Aus Politik und Zeitgeschichte*, Bd. 40. Bundeszentrale für politische Bildung, Berlin 1994. S. 12–23.

Jesse, Eckhard: »Die Totalitarismusforschung im Streit der Meinungen«. In: ders. (Hrsg.): *Totalitarismus im 20. Jahrhundert: eine Bilanz der internationalen Forschung.* Bundeszentrale für politische Bildung, Bonn 1996. S. 10–39.

Jesse, Eckhard (Hrsg.): *Totalitarismus im 20. Jahrhundert: eine Bilanz der internationalen Forschung.* Bundeszentrale für politische Bildung, Bonn 1996.

Jesse, Eckhard: »Zwischen SED-Diktatur und deutscher Einheit. Dickleibiges Werk der Enquête-Kommission«. In: *Neue Zürcher Zeitung*, 13.2.2001.

Just, Hermann (Hrsg.): *Die sowjetischen Konzentrationslager auf deutschem Boden 1945–1950.* Kampfgruppe gegen Unmenschlichkeit, Berlin 1952.

Kailitz, Steffen: *Politischer Extremismus in der Bundesrepublik Deutschland. Eine Einführung.* VS, Wiesbaden 2004.

Kershaw, Ian: *Der NS-Staat. Geschichtsinterpretationen und Kontroversen im Überblick.* Rowohlt, Reinbek bei Hamburg 1994.

Kilian, Achim: *Einzuweisen zur völligen Isolierung: NKWD-Speziallager Mühlberg, Elbe, 1945–1948.* Forum, Leipzig 1993.

Kittel, Manfred: *Die Legende von der »zweiten Schuld«. Vergangenheitsbewältigung in der Ära Adenauer.* Ullstein, Berlin 1993.

Kleßmann, Christoph: *Die doppelte Staatsgründung. Deutsche Geschichte 1945–1955.* Bundeszentrale für politische Bildung, Bonn 1986.

Kleßmann, Christoph: *Zwei Staaten, eine Nation. Deutsche Geschichte 1955–1970.* Bundeszentrale für politische Bildung, Bonn 1988.

Klotz, Ernst E.: *So nah der Heimat. Gefangen in Buchenwald 1945–1948.* Dietz, Bonn 1992.

Klotz, Johannes und Ulrich Schneider (Hrsg.): *Die selbstbewußte Nation und ihr Geschichtsbild. Geschichtslegenden der Neuen Rechten. Faschismus, Holocaust, Wehrmacht.* Papyrossa, Köln 1997.

Klotz, Johannes (Hrsg.): *Schlimmer als die Nazis? »Das Schwarzbuch des Kommunismus«, die neue Totalitarismusdebatte und der Geschichtsrevisionismus.* Papyrossa, Köln 1999.

Knabe, Hubertus (Hrsg.): *Aufbruch in eine andere DDR. Reformer und Oppositionelle zur Zukunft ihres Landes.* Rowohlt, Reinbek bei Hamburg 1989.

Knabe, Hubertus: *Umweltkonflikte im Sozialismus. Möglichkeiten und Grenzen gesellschaftlicher Problemartikulation in sozialistischen Systemen. Eine vergleichende Analyse der Umweltdiskussion in der DDR und Ungarn.* Wissenschaft und Politik, Köln 1993.

Knabe, Hubertus: *Die unterwanderte Republik. Stasi im Westen.* Propyläen, Berlin 1999.

Knabe, Hubertus: *West-Arbeit des MfS. Das Zusammenspiel von »Aufklärung« und »Abwehr«.* Ch. Links, Berlin 1999.

Knabe, Hubertus: *Der diskrete Charme der DDR. Stasi und Westmedien.* Propyläen, Berlin 2001.

Knabe, Hubertus: *17. Juni 1953. Ein deutscher Aufstand.* Propyläen, Berlin 2003.

Knabe, Hubertus: *Tag der Befreiung? Das Kriegsende in Ostdeutschland.* Propyläen, Berlin 2005.

Knabe, Hubertus: *Die Täter sind unter uns. Über das Schönreden der SED-Diktatur.* Propyläen, Berlin 2007.

Knabe, Hubertus: »Mielkes schweres Erbe. Wie die Aufarbeitung der Stasi-Akten neu organisiert werden könnte«. In: *Spiegel online*, 15.8.2007.

Knigge, Volkhard: »Der steinerne Sieg. Zu Entstehungsgeschichte und Erinnerungsprogramm der Nationalen Mahn- und Gedenkstätte Buchenwald«. In: Kuratorium Schloss Ettersburg e. V. (Hrsg.): *Der einäugige Blick. Vom Mißbrauch der Geschichte im Nachkriegsdeutschland. 3. Buchenwald-Geschichtsseminar Erfurt, Buchenwald, Ettersburg 27.–29.11.1992.* Gutenberg, Weimar 1993. S. 39–50.

Knigge, Volkhard und Fritz Cremer: »Buchenwald-Denkmal«. In: Monika Flacke (Hrsg.): *Auftragskunst der DDR 1949–1990.* Klinkhardt und Biermann, München 1995. S. 106–117.

Knütter, Hans-Helmuth: »Der Totalitarismus in der schulischen und außerschulischen Politischen Bildung«. In: Konrad Löw (Hrsg.): *Totalitarismus.* Duncker und Humblot, Berlin 1988. S. 28–43.

Kocka, Jürgen: »Die Geschichte der DDR als Forschungsproblem. Einleitung«. In: ders. (Hrsg.): *Historische DDR-Forschung. Aufsätze und Studien.* Akademie, Berlin 1993. S. 9–26.

Koenen, Gerd: *Utopie der Säuberung. Was war der Kommunismus?.* Fest, Berlin 1998.

Kogon, Eugen: *Der SS-Staat. Das System der deutschen Konzentrationslager.* Frankfurter Hefte, Frankfurt am Main 1946.

Kraushaar, Wolfgang: »Der Lackmus-Test. Die Linke und die Totalitarismustheorie«. in: ders.: *Linke Geisterfahrer. Denkanstöße für eine antitotalitäre Linke. Mit einer Einleitung von Daniel Cohn-Bendit.* Neue Kritik, Frankfurt am Main 2001. S. 166–256.

Kraushaar, Wolfgang: »Sich aufs Eis wagen. Plädoyer für eine Reaktualisierung der Totalitarismustheorie«. In: ders.: *Linke Geisterfahrer. Denkanstöße für eine antitotalitäre Linke. Mit einer Einleitung von Daniel Cohn-Bendit.* Neue Kritik, Frankfurt am Main 2001. S. 59–86.

Kühnhardt, Ludger (Hrsg.): *Die doppelte deutsche Diktaturerfahrung. Drittes Reich und DDR – ein historisch-politikwissenschaftlicher Vergleich.* Lang, Frankfurt am Main 1994.

Küpper, Mechthild: »Kabinett beschließt Gedenkstättenkonzept«. In: *Frankfurter Allgemeine Zeitung*, 18.6.2008.

Landesverband der Stalinistisch Verfolgten e. V. Sachsen-Anhalt (Hrsg.): *Wir waren Stalins politische Gefangene. Schicksale ehemaliger politischer Häftlinge. Dokumente und Berichte über Besatzungswillkür und SED-Justiz.* Landesverband der Stalinistisch Verfolgten, Eisleben 1992.

Leibholz, Gerhard: »Das Phänomen des totalen Staates«. In: Göttinger Arbeitskreis (Hrsg.): *Mensch und Staat in Recht und Geschichte. Festschrift für Herbert Kraus zur Vollendung seines 70. Lebensjahres.* Holzner, Kitzingen 1954. S. 156–162. Abgedruckt in: Bruno Seidel und Siegfried Jenkner (Hrsg.): *Wege der Totalitarismus-Forschung.* Wissenschaftliche Buchgesellschaft, Darmstadt 1968. S. 123–132.

Leibholz, Gerhard: »Freiheitliche demokratische Grundordnung und Bonner Grundgesetz«. In: ders.: *Strukturprobleme der modernen Demokratie.* Athenäum/Fischer, Frankfurt am Main, 1974. S. 132–141 (zuerst 1951).

Lietzmann, Hans J.: *Politikwissenschaft im »Zeitalter der Diktaturen«. Die Entwicklung der Totalitarismustheorie Carl Joachim Friedrichs.* Leske und Budrich, Opladen 1999.

Lindt, Andreas: *Das Zeitalter des Totalitarismus. Politische Heilslehren und ökumenischer Aufbruch.* Kohlhammer, Stuttgart 1981.

Loewenstein, Karl: »Militant Democracy and Fundamental Rights«. In: *American Political Science Review*, Nr. 31. Cambridge University Press, New York 1937. S. 417–658.

Löw, Konrad: »Die ›Weltanschauung des Grundgesetzes‹ und der Totalitarismus«. In: ders.: *Totalitarismus contra Freiheit. Begriff und Realität.* Bayerische Landeszentrale für politische Bildungsarbeit, München 1988. S. 185–199.

Lozek, Gerhard (Hrsg.): *Die Totalitarismus-Doktrin im Antikommunismus. Kritik einer Grundkonzeption bürgerlicher Ideologie.* Dietz, Berlin 1985.

Lozek, Gerhard: »Vergleichen, nicht gleichsetzen. Fallbeispiel: Totalitäre Diktaturen«. In: Eberhard Fromm und Hans-Jürgen Mende (Hrsg.): *Vom Beitritt zur Vereinigung. Schwierigkeiten beim Umgang mit deutsch-deutscher Geschichte.* Luisenstädtischer Bildungsverein, Berlin 1993. S. 84–89.

Ludz, Peter Christian: *Parteielite im Wandel. Funktionsaufbau, Sozialstruktur und Ideologie der SED-Führung.* Westdeutscher Verlag, Köln-Opladen 1970.

Maier, Hans (Hrsg.): *Totalitarismus und politische Religionen. Konzepte des Diktaturvergleichs.* Schöningh, Paderborn 1996.

Marquardt, Bernhard: *Der Totalitarismus – ein gescheitertes Herrschaftssystem. Eine Analyse der Sowjetunion und anderer Staaten Ost-Mitteleuropas.* Brockmeyer, Bochum 1992.

Marxen, Klaus und Gerhard Werle (Hrsg.): *Strafjustiz und DDR-Unrecht*, Bd. 5. de Gruyter, Berlin 2007.

Maunz, Theodor, Günter Dürig und Roman Herzog: *Grundgesetz für die Bundesrepublik Deutschland vom 23. Mai 1949.* C.H. Beck, München 1974.

Mecklenburg, Jens (Hrsg.): *Handbuch deutscher Rechtsextremismus.* Elefanten Press, Berlin 1996.

Mecklenburg, Jens und Wolfgang Wippermann (Hrsg.): »*Roter Holocaust*«? *Kritik des Schwarzbuchs des Kommunismus.* Konkret Literatur, Hamburg 1998.

Merk, Hans Günther: »Was ist heute Extremismus? Die Bedrohung des Staates von links und rechts«. In: Manfred Funke (Hrsg.): *Extremismus im demokratischen Rechtsstaat.* Droste, Düsseldorf 1978. S. 127–146.

Merz, Kai-Uwe: *Kalter Krieg als antikommunistischer Widerstand. Die Kampfgruppe gegen Unmenschlichkeit 1948–1959.* Oldenbourg, München 1987.

Ministerium für Wissenschaft, Forschung und Kultur des Landes Brandenburg in Zusammenarbeit mit der Brandenburgischen Landeszentrale für Politische Bildung (Hrsg.): *Brandenburgische Gedenkstätten für die Verfolgten des NS-Regimes. Perspektiven, Kontroversen und internationale Vergleiche. Beiträge des Internationalen Gedenkstätten-Colloquiums in Potsdam am 8. und 9. März 1992.* Edition Hentrich, Berlin 1992.

Mironenko, Sergej u. a. (Hrsg.): *Sowjetische Speziallager in Deutschland 1945–1950*, Bde. 1–2. Akademie, Berlin 1998.

Mitter, Armin und Stephan Wolle (Hrsg.): »*Ich liebe euch doch alle!*« *Befehle und Lageberichte des MfS, Januar-November 1989.* Basisdruck, Berlin 1990.

Neubert, Ehrhart: *Untersuchung zu den Vorwürfen gegen den Ministerpräsidenten des Landes Brandenburg, Dr. Manfred Stolpe.* Fraktion Bündnis im Landtag Brandenburg, Potsdam 1992.

Neubert, Ehrhart: »Politische Verbrechen in der DDR«. In: Stéphane Courtois u. a.: *Das Schwarzbuch des Kommunismus. Unterdrückung, Verbrechen und Terror.* Piper, München 1998. S. 829–884.

Niethammer, Lutz: *Die Mitläuferfabrik. Die Entnazifizierung am Beispiel Bayerns.* Dietz, Berlin 1982.

Niethammer, Lutz: *Die volkseigene Erfahrung. Eine Archäologie des Lebens in der Industrieprovinz der DDR. 30 biographische Eröffnungen*. Rowohlt-Berlin, Berlin 1991.

Niethammer, Lutz: »Alliierte Internierungslager in Deutschland nach 1945. Vergleich und offene Fragen«. In: Christian Jansen u. a. (Hrsg.): *Von der Aufgabe der Freiheit. Politische Verantwortung und bürgerliche Gesellschaft im 19. und 20. Jahrhundert. Festschrift für Hans Mommsen zum 5. November 1995*. Akademie, Berlin 1995. S. 469–492.

Nitti, Francesco: *Bolschewismus, Fascismus und Demokratie*. Hafstaengel, München 1926.

Nolte, Ernst: *Deutschland und der Kalte Krieg*. Piper, München 1974.

Nolte, Ernst: »Die fortwirkende Verblendung«. In: *Frankfurter Allgemeine Zeitung*, 22.1.1992.

Ochs, Günter: *Meine gestohlene Zeit ... 50 Jahre danach! Erlebnisse eines Jugendlichen am Ende des zweiten Weltkrieges. Gefangenschaft, Gefängnis, Straflager II, KZ Buchenwald*. Darmstadt 1994.

Ordnung, Thomas: *Zur Praxis und Theorie des präventiven Demokratieschutzes. Darlegungen zum Problem der ›streitbaren Demokratie‹ und seinem verfassungsrechtlichen, politischen und historischen Umfeld am Beispiel des Parteiverbots*. Dissertation an der FU Berlin 1985.

Overy, Richard: *Die Diktatoren. Hitlers Deutschland, Stalins Russland*. DVA, München 2005.

Parlamentarischer Rat: *Verhandlungen des Hauptausschusses, Bonn 1948/49*. Scheur, Bonn 1950.

Paul, Gerhard und Klaus-Michael Mallmann (Hrsg.): *Die Gestapo. Mythos und Realität*. Wissenschaftliche Buchgesellschaft, Darmstadt 1995.

Petersen, Jens: »Die Entstehung des Totalitarismusbegriffs in Italien«. In: Manfred Funke (Hrsg.): *Totalitarismus. Ein Studien-Reader zur Herrschaftsanalyse moderner Diktaturen*. Droste, Düsseldorf 1978. S. 105–128.

Pohlmann, Friedrich: *Marxismus-Leninismus-Kommunismus-Faschismus. Aufsätze zur Ideologie und Herrschaftsstruktur der totalitären Diktaturen*. Centaurus, Pfaffenweiler 1995.

Poppe, Ulrike, Rainer Eckert und Ilko-Sascha Kowalczuk (Hrsg.): *Zwischen Selbstbehauptung und Anpassung. Formen des Widerstandes und der Opposition in der DDR*. Ch. Links, Berlin 1995.

Reif-Spirek, Peter und Bodo Ritscher (Hrsg.): *Speziallager in der SBZ. Gedenkstätten mit »doppelter Vergangenheit«*. Ch. Links, Berlin 1999.

Ritscher, Bodo: *Spezlager Nr. 2 Buchenwald. Zur Geschichte des Lagers Buchenwald 1945–1950*. Gedenkstätte Buchenwald, Weimar-Buchenwald 1993.

Rohrwasser, Michael: *Der Stalinismus und die Renegaten. Die Literatur der Exkommunisten*. Metzler, Stuttgart 1991.

Roth, Karl Heinz: »»Sich aufs Eis wagen«. Zur Wiederbelebung der Totalitarismustheorie durch das Hamburger Institut für Sozialforschung«. In: Frank Deppe u. a. (Hrsg.): *Antifaschismus*. Distel, Heilbronn 1996. S. 403–415.

Roth, Karl Heinz: *Geschichtsrevisionismus. Die Wiedergeburt der Totalitarismustheorie*. Konkret Literatur, Hamburg 1999.

Roth, Karl Heinz: *Anschließen, angleichen, abwickeln. Die westdeutschen Planungen zur Übernahme der DDR 1952–1990.* Konkret Literatur, Hamburg 2000.

Ruckenbiel, Jan: *Soziale Kontrolle im NS-Regime: Protest, Denunziation und Verfolgung. Zur Praxis alltäglicher Unterdrückung im Wechselspiel von Bevölkerung und Gestapo.* Dissertation an der Universität Siegen 2001.

Rüter, Christiaan Frederik: »Das Wunder von Ludwigsburg. Die Zentralstelle zur Aufklärung von NS-Verbrechen wird 50«. In: *Der Tagesspiegel*, 23.11.2008.

Sagolla, Bernhard: *Die Rote Gestapo. Der Staatssicherheitsdienst in der Sowjetzone.* Kampfgruppe gegen Unmenschlichkeit, Berlin 1952.

Schädlich, Hans Joachim (Hrsg.): *Aktenkundig.* Rowohlt, Reinbek bei Hamburg 2001.

Schäfer, Helmut M.: *Die freiheitlich-demokratische Grundordnung. Eine Einführung in das deutsche Verfassungsrecht.* Olzog, München 1982.

Scherb, Armin: *Präventiver Demokratieschutz als Problem der Verfassungsgebung nach 1945.* Lang, Frankfurt am Main 1987.

Schirmer, Gerhart: *Sachsenhausen-Workuta. Zehn Jahre in den Fängen der Sowjets.* Grabert, Tübingen 1992.

Schlangen, Walter: *Die Totalitarismus-Theorie. Entwicklung und Probleme.* Kohlhammer, Stuttgart 1976.

Schmitt, Carl: *Positionen und Begriffe im Kampf mit Weimar – Genf – Versailles, 1923–1939.* Hanseatische Verlags-Anstalt, Hamburg 1940.

Schöngarth, Michael: *Die Totalitarismusdiskussion in der neuen Bundesrepublik 1990 bis 1995.* Papyrossa, Köln 1996.

Schroeder, Klaus und Jochen Staadt: *Der diskrete Charme des Status Quo. DDR-Forschung in der Ära der Entspannungspolitik.* Forschungsverband SED-Staaten, Berlin 1992.

Schroeder, Klaus: *Der SED-Staat. Partei, Staat und Gesellschaft 1949–1990.* Hanser, München 1998.

Schroeder, Klaus und Manfred Wilke: »Der Forschungsverbund SED-Staat an der Freien Universität«. In: Arbeitsgemeinschaft außeruniversitärer historischer Forschungseinrichtungen in der Bundesrepublik Deutschland e. V. (Hrsg.): *Historische Bibliographie. Berichtsjahr 2000.* Oldenbourg, München 2001.

Schroeder, Klaus: »Was haben Hitler, Stalin und Ulbricht gemein?«. In: *Die Welt*, 7.11.2007.

Schroeder, Klaus und Monika Deutz-Schroeder: *Soziales Paradies oder Stasi-Staat? Das DDR-Bild von Schülern. Ein Ost-West-Vergleich.* Vögel, München 2008.

Schubert, Klaus und Martina Klein: *Das Politiklexikon.* Dietz, Bonn 2006.

Schwagerl, Hans Joachim: *Rechtsextremes Denken. Merkmale und Methoden.* Fischer, Frankfurt am Main 1993.

Schwan, Gesine: *Antikommunismus und Antiamerikanismus in Deutschland. Kontinuität und Wandel nach 1945.* Nomos, Baden-Baden 1999.

Seidel, Bruno und Siegfried Jenkner (Hrsg.): *Wege der Totalitarismus-Forschung.* Wissenschaftliche Buchgesellschaft, Darmstadt 1968.

Söllner, Alfons, Ralf Walkenhaus und Karin Wieland (Hrsg.): *Totalitarismus. Eine Ideengeschichte des 20. Jahrhunderts.* Akademie, Berlin 1997.

Sontheimer, Kurt und Wilhelm Bleek: *Die DDR. Politik, Gesellschaft, Wirtschaft.* Hoffmann und Campe, Hamburg 1976.

Staritz, Dietrich: *Geschichte der DDR 1949–1985.* Suhrkamp, Frankfurt am Main 1985.

Staritz, Dietrich: *Was war. Historische Studien zu Geschichte und Politik der DDR.* Metropol, Berlin 1994.

Staud, Toralf: »Wer hat Angst vor ›Rosenholz‹?«. In: *Die Zeit,* 22.6.2006.

Stern, Joachim R.: *Und der Westen schweigt. Erlebnisse, Berichte, Dokumente über Mitteldeutschland 1945–1975.* Schütz, Preußisch Oldendorf 1976.

Stöss, Richard: »Extremismus von rechts. Einige Anmerkungen aus rechtlicher und politikwissenschaftlicher Perspektive«. In: Rolf Richter (Hrsg.): *Rechtsextremismus und Neonazismus.* Berlin 1991. S. 1–25.

Sturzo, Luigi: *Italien und der Fascismus.* Gilde, Köln 1926.

Sühl, Klaus (Hrsg.): *Vergangenheitsbewältigung 1945 und 1989. Ein unmöglicher Vergleich? Eine Diskussion.* Volk und Welt, Berlin 1994.

Talmon, Yaakov Leib: *Die Ursprünge der totalitären Demokratie.* Westdeutscher Verlag, Köln-Opladen 1961.

Talmon, Yaakov Leib: *Politischer Messianismus. Die romantische Phase.* Westdeutscher Verlag, Köln-Opladen 1963.

Talmon, Yaakov Leib: *The Myth of the Nation and the Vision of Revolution. The Origins of Totalitarian Polarisation in the Twentieth Century.* Secker and Warburg, London 1981.

Thalheim, Karl C.: *Die wirtschaftliche Entwicklung der beiden Staaten in Deutschland. Tatsachen und Zahlen.* Leske und Budrich, Opladen 1978.

Ulrich, Volker: »Der Historiker als polemisierender Zeitgenosse. Hans-Ulrich Wehlers monumentale ›Deutsche Gesellschaftsgeschichte‹«. In: *Neue Gesellschaft. Frankfurter Hefte,* Nr. 10, Bd. 55. Dietz, Bonn 2008. S. 70–72.

Voegelin, Eric: *Die politischen Religionen.* Bermann-Fischer, Wien 1938. Neuausgabe: Fink, München 1993.

Vollnhals, Clemens: »Das Ministerium für Staatssicherheit. Ein Instrument totalitärer Herrschaft«. In: Hartmut Kaelble, Jürgen Kocka und Hartmut Zwahr (Hrsg.): *Sozialgeschichte der DDR.* Klett-Cotta, Stuttgart 1994. S. 498–518.

Weber, Hermann: *Die DDR 1945–1986.* Oldenbourg, München 1988.

Weber, Hermann: *DDR. Grundriß der Geschichte 1945–1990.* Fackelträger, Hannover 1991.

Weber, Hermann: *Damals, als ich Wunderlich hieß. Vom Parteihochschüler zum kritischen Sozialisten. Die SED-Parteihochschule »Karl Marx« bis 1949.* Aufbau, Berlin 2002.

Weber, Hermann und Gerda: *Leben nach dem »Prinzip Links«. Erinnerungen aus fünf Jahrzehnten.* Ch. Links, Berlin 2006.

Wedel, Mathias: »Der Knabe. Ein Antikommunist aus dem Gruselbuch«. In: *Konkret,* 7/2006.

Wehler, Hans-Ulrich: *Entsorgung der deutschen Vergangenheit? Ein polemischer Essay zum »Historikerstreit«.* C.H. Beck, München 1988.

Wehler, Hans-Ulrich: *Deutsche Gesellschaftsgeschichte 1949–1990.* C.H. Beck, München 2008.

Weißmann, Karlheinz: *Rückruf in die Geschichte. Die deutsche Herausforderung.* Ullstein, Berlin 1992.

Wilhelm, Hans Hermann: *Ohne Stein und ohne Namen. Aufzeichnungen aus stalinistischen Todeslagern in Deutschland.* Druffel, Leoni am Starnberger See 1974.

Wippermann, Wolfgang: *Zur Analyse des Faschismus. Die sozialistischen und kommunistischen Faschismustheorien 1921–1945.* Diesterweg, Frankfurt am Main 1981.

Wippermann, Wolfgang: *Die Bonapartismustheorie von Marx und Engels.* Klett-Cotta, Stuttgart 1982.

Wippermann, Wolfgang: »Wider die Verwirrung der Begriffe! Was ist Rechtsradikalismus, Rechtsextremismus, Fundamentalismus, Populismus, Faschismus, Neonazismus und Neofaschismus?«. In: Rolf Richter (Hrsg.): *Rechtsextremismus und Neonazismus unter Jugendlichen Ostberlins.* Berlin 1991. S. 26–45.

Wippermann, Wolfgang: »Das ›Vermächtnis des Widerstands‹: Instrumentalisierung oder Historisierung?«. In: Gerhard Ringshausen (Hrsg.): *Perspektiven des Widerstands. Der Widerstand im Dritten Reich und seine didaktische Erschließung.* Centaurus, Pfaffenweiler 1994. S. 74–91.

Wippermann, Wolfgang: *Totalitarismustheorien. Die Entwicklung der Diskussion von den Anfängen bis heute.* Wissenschaftliche Buchgesellschaft, Darmstadt 1997.

Wippermann, Wolfgang: *Wessen Schuld? Vom Historikerstreit zur Goldhagen-Kontroverse.* Elefanten Press, Berlin 1997.

Wippermann, Wolfgang: »Der Forschungsverbund SED-Staat und die Renaissance der Totalitarismustheorie«. In: *agent provocateur*, Nr. 5. Otto-Suhr-Institut der FU Berlin, Berlin 1998.

Wippermann, Wolfgang: »Die Diktatur des Verdachts. Der Forschungsverbund SED-Staat an der Freien Universität auf Kommunistenjagd«. In: *Jungle World*, 9/1998.

Wippermann, Wolfgang: *Umstrittene Vergangenheit. Fakten und Kontroversen zum Nationalsozialismus.* Elefanten Press, Berlin 1998.

Wippermann, Wolfgang: *Konzentrationslager. Geschichte, Nachgeschichte, Gedenken.* Elefanten Press, Berlin 1999.

Wippermann, Wolfgang: »Verfassungsschutz und Extremismusforschung: Falsche Perspektiven«. In: Jens Mecklenburg (Hrsg.): *Braune Gefahr. DVU, NPD, REP. Geschichte und Zukunft.* Elefanten Press, Berlin 1999. S. 268–280.

Wippermann, Wolfgang: »›Doch ein Begriff muß bei dem Worte sein.‹ Über ›Extremismus‹, ›Faschismus‹, ›Totalitarismus‹ und ›Neofaschismus‹«. In: Siegfried Jäger und Alfred Schobert (Hrsg.): *Weiter auf unsicherem Grund. Faschismus – Rechtsextremismus – Rassismus. Kontinuitäten und Brüche.* DISS, Duisburg 2000. S. 21–48.

Wippermann, Wolfgang: *Agenten des Bösen. Verschwörungstheorien von Luther bis heute.* Bebra, Berlin 2007.

Wippermann, Wolfgang: »Die deutsche Staatsideologie. Zur Konzeption des Totalitarismus«. In: Florian Wenninger u. a. (Hrsg.): *Geschichte macht Herrschaft. Zur Politik mit dem Vergangenen.* Braumüller, Wien 2007. S. 33–52.

Wippermann, Wolfgang: *Die Deutschen und der Osten. Feindbild und Traumland.* Primus, Darmstadt 2007.

Wippermann, Wolfgang: *Faschismus. Eine Weltgeschichte vom ausgehenden 19. Jahrhundert bis heute*. Primus, Darmstadt 2009.

Wollenberg, Erich: »Von der Gestapo zum SSD«. In: *Tatsachen und Berichte aus der Sowjetzone*, Nr. 4. Bonn 1950.

Zimmer, Jochen (Hrsg.): *Gauck-Lesebuch. Eine Behörde abseits der Verfassung?*. Eichborn, Frankfurt am Main 1998.